前组交所副总裁为你揭开金融业虚假繁荣背后的真相!

金融的背叛

恢复市场信心的十二项改革

THE BETRAYAL OF FINANCE:

TWELVE REFORMS TO RESTORE CONFIDENCE

【美】乔治·乌杜（Georges Ugeux）◎著
劳若珺 ◎译

人民东方出版传媒
東方出版社

献给 Francine

Myriam, Patrick, Catherine 和 Benoit

CONTENTS

目录

PREFACE 金融如此重要，岂可仅仅交予金融家之手?

CHAPTER 1 停止欺诈消费者

CHAPTER 5 制约金融创新

CHAPTER 6 重归透明简单

CHAPTER 7 确保资本诚信

CHAPTER 8 给评级机构戴上紧箍咒

CHAPTER 9　重新界定金融风险

CHAPTER 10　监督资本市场：关于对冲基金

CHAPTER 11　让咨询顾问言而有信

CHAPTER 12　全球维度

CONCLUSION　突兀的道德问题

PREFACE

前言

金融如此重要，岂可仅仅交予金融家之手？

中国之旅

1998 年 3 月 26 日下午，虽已是早春时节，北京天安门广场上依旧颇为冷冽。广场一旁坐落着庄严宏伟的人民大会堂，而我们一行人正是按照预定来此接受江泽民主席的会见。

在当时，虽然中国早已打开国门近二十年，但安排国家主席与时任纽约证券交易所主席的理查德 · A. 格拉索之间的会面仍属非同寻常之事，前者是最大社会主义国家的元首，而后者则是资本主义的典型代表。这次会面所具有的象征意义即使放到今天也依旧会令人惊叹不已。而回顾中美两国半个世纪来的关系演变，不禁令人感慨时间才是这次会晤的最大的促成者。

我们的到来是对中华人民共和国国家主席在 1997 年 10 月 10 日对纽约证券交易所进行的历史性访问的回访，当时他还受邀鸣响了开市钟。这场资本市场的欢迎仪式搞得声势浩大，也进一步加强了两种市场之间的共存局面。

会面伊始，气氛颇为融洽，江主席首先极富幽默感地提及他上次访问纽交所带来道琼斯指数1500点上扬的“巧合”，而迪克·格拉索也很有默契地顺势邀请他故地重访，以便“再次提振市场的乐观信心”。

不过当江主席向我们诉说他每天是如何为中国民众操心不已的时候，便将我们的话题拉回了现实。他说每天早上睁开眼睛，就要思考一个问题：十亿多中国人的温饱问题是不是能解决。

他认识到对资本市场实行开放是必要的；但他也不忘提醒我们，实体经济的步调与虚拟的资本经济并不一致，而要让这两者在中国共存，就需要积极制定相关规范。而他现在提出的许多问题，所涉及的便是这些规范在将来要涵盖的领域。这些问题反映的，是在对外国投资者开放中国市场的同时，其身为国家领导人所面临的诸多困境。比如说，他告诉我们有必要保持中国流通货币人民币的有限兑换性，以使中国免受金融危机的冲击，这些危机已令亚洲其他国家深受其害。对他来说，金融为经济和政策服务，而其本身并不是目的。

中国领导人要对占全世界20%的人口负责，这份责任之重大，恐怕在世界范围内也只有印度总理才能与之相提并论。因此对于他所提出的问题，在给出貌似合理的解决方案前，很有必要先了解一下中国的国情。江主席的一席话中，囊括了中国国情的一切相关要素：资本市场、实体经济，当然还有人口挑战。当时，美国正处于如日中天之势，其股指连连刷新纪录，缔造资本世界的一幕幕兴亡盛衰。此情此景，令中国深知若无外国跨国企业的大量直接投资，中国经济就不可能领跑全球。

几年后的 2002 年 4 月 29 日，胡锦涛在就职国家主席前一年专程访问了纽交所，沿袭了其前任的态度。可到了金融危机爆发之后，他却清晰明确地向全世界宣称，美国资本市场运作模式必须加以改革，且在这一领域，美国已没什么可值得中国效法之处了。近年来，中国不仅充分利用了市场经济带来的优势，更减少了自身对美国的盲从和依赖。它甚至“有幸”成为后者的最大债权国。所以不管美国有什么意见，中国仍将自行决定人民币的汇率水平和可兑换性，并继续对资本市场进行监督。中国人对西方资本市场的盲目追捧早已是昨日黄花。于是，美国人历时一个多世纪，由数代人几经努力才得以树立的良好国际形象，仅在一个糟糕的总统任期内就轰然崩塌、不复存在。如今“华尔街”已经成了肮脏的代名词。

美国经济（或者更确切地说是大西洋资本主义）所遭遇的信心丧失，绝不是什么无关痛痒的疥癣之患。其对新兴市场国家的改革派是一次沉重打击，也势必将导致这些国家的改革进程受阻。全球资本主义所树立的模范（美国）成了众矢之的，其制度的所有弱点软肋均暴露无遗……

金融危机对美国之外的冲击也是极其巨大的。事到如今，美国人大概不禁要问：我们是怎么落得如此田地的？为什么区区几百个金融机构的高管可以将全球经济玩弄于自己的股掌之中？他们是怎么把金融变成了一场轮盘赌局的？谁给了他们这样的权力？而最为重要的是，我们如何才能在将来避免重蹈覆辙呢？

金融家背叛了金融

当下，金融家对金融的背叛已是毋庸置疑，为了追求自身薪酬利益的最大化，他们早已与自己的核心业务渐行渐远。多数金融机构都因涉足自营交易而充斥着大量投机泡沫。危机后颁布的“沃尔克规则”[①]对这种风险进行了限制，但欧洲并不在其管制之列。至于亚洲，多数国家至今仍允许自营交易。

危机情景之下，世界各地的关注者错愕不已地发现，美国自诩“令全世界都为之羡慕的市场”和“全球最佳的监管制度”（美国证券交易监督委员会主席阿瑟·莱维特语）原来只是一个泥足的巨人；或者用中国人的话来说，就是个“纸老虎”。美国市场曾拥有至高无上的地位，被人们视为不可动摇的神话。现如今，这一切都因其领导人的贪婪自大，因其对自身监管制度的骄矜自得、盲目自信而土崩瓦解。

引发危机的罪魁祸首不是别人，正是这些不请自来，突兀进入公众视线的金融家们。这些人肆无忌惮的行为让所有人都被逼到了悬崖边上。他们本应安分守己，低调行事，而不是登上各大媒体的头版头条；他们本应谨言慎行，小心操持业务，而不是惹

① 由保罗·沃尔克提出，在奥巴马任期的2010年公布，以禁止银行自营交易业务为主要内容的监管规则。

下弥天大祸后跑到政府那里搬救兵，甚至被美国国会当成罪犯看待。2010 年 1 月的达沃斯世界经济论坛上，一名美国投资银行家坦承，银行家如今已和恐怖分子没什么两样了。

即使在八年后，金融的公信力仍旧不曾恢复。我在此要强调的是，如果金融家们仅仅是被动“遵守规定”而在行为本质上依然故我，那他们就不足以担负起他人财产托管者的职责，也就无法重新赢得人们的信任。

各种救助金融业的纾困措施为何会令公共资源不堪重负？其原因之一就是，在这场自 1929 年以来最大金融崩盘中，我们的政府、监管部门和央行也并不能置身事外。

金融业背叛了经济

由于金融家们的背叛，金融业也背离了经济。金融自身成为了目的，而不再关乎其理应发挥的社会与经济作用。更有甚者，金融家们已经全然不记得，这个行业的全称是“金融服务业”。实际上，他们保留了“金融”两字，却将“服务”抛诸脑后。在行业各个层面，情况皆是如此。

其结果便是经济自身也被迫坐到了轮盘赌桌前。现行的制度使得经济轻易被金融所绑架，正因如此，奥巴马总统在 2010 年 1 月 27 日国情咨文演讲时才会强调指出：“我们不能让那些包括募集存款机构在内的金融机构引发危及整体经济的风险。”

此次危机的特别之处就在于，其在金融业内部产生，并由金融机构和金融家所引发。但也是美国行政和监管部门的放任政策使危机成为可能，这些经济巨轮的掌舵者未能发现迎面而来的冰山，也未能对这场席卷金融系统乃至整个经济体系的大海啸有所预见。

先前的危机往往因具体问题而爆发："日本梦"的破灭、拉美国家的负债、油价的上涨、亚洲金融机构的薄弱环节、巴西和俄罗斯遭到的波及，以及先后两次伊拉克战争等，不一而足。

对于上述这种事不关己的情况，金融家们自可以置身事外，指手画脚。但这次，多数金融家意识到自己犯下了"错误"或"不可接受的不良行为"（具体属哪一种取决于他们的诚信度）。当然，也有些人声称自己无辜，但信者寥寥。对于他们的过失，往轻了说，是粗心的魔法学徒所引发的"内爆"；往重了讲，那就是白领罪犯的监守自盗。所有金融机构在危机中都表现出各种表里不一、贪得无厌和业务不透明，只是程度有所不同而已。无独有偶，2015 年发生在中国的融资融券危机，也源于资本市场的越轨行为。其结果造成股市在数个月内暴涨 150%，然后在数周内暴跌 40%。

此次危机，首先当然归咎于金融机构自身，甚至可以说正是这些机构的业务活动引发了金融危机。在这场"击鼓传花"的游戏中，银行业是大头，其他机构也一样有份。要说始作俑者，各大金融企业的领导人难辞其咎。他们中有些人破了财，丢了饭碗，但也有的依旧在位。一些危机中的主要角色甚至开始陆续回到金融机构的高位，就好像他们压根不用为先前的失职负责一样。

2009 年，仅在雷曼兄弟破产的数月之后，各银行就报收巨额利润，并大肆分发奖金。造成这种局面的正是美联储大力度低息补贴政策的市场环境下催生的银行自营行为。

目前的监管措施通过限制这种银行内投机交易来最终改变行业规则。但这并不意味着我们可以就此高枕无忧。不要忘了，以往的每一次危机也一样是在监管者的眼皮底下发生的。因此，金融机构不仅需要服从监管，更应躬身自省，对其将来发展方向，对其基本的行业原则，乃至其所秉持的价值标准，进行一番深刻的反思。

央行为何没能洞见危机？

央行掌握着强有力的分析工具，却为何没能预见到金融界这艘“泰坦尼克”巨轮撞上冰山呢？他们既没有预料到这次风险的猛烈程度，也对其全局性缺少预判。这个问题至今仍悬而未决，但如果我们不想重蹈覆辙，就不能对此有所回避。我估计围绕此问题的争论仍不会公之于众，但即便如此，央行恐怕终究也要放弃极度保密性原则，转而变得更为透明和审慎。

围绕这一问题的辩论将政治家划分为不同的阵营。本 · 伯南克在其前副手，现财政部部长蒂姆 · 盖特纳的力推下连任了美联储主席，并得到美国国会的批准——这是个令人遗憾的决定，对于这样一位对迎面而来的冰山视而不见的船长，教人怎么去信任他的视力呢？对于央行行长而言，似乎还没实行问责制。2010

年底美联储注资7000亿美元［即“第二次量化宽松”（QE2）］时，伯南克的判断就曾引起质疑。

视线再回到2007年，当时次贷危机已经爆发，可伯南克却还声称：“让对冲基金业务透明化以允许政府监控其系统性风险的措施是不必要的。”而他的前任艾伦·格林斯潘在2004年还曾抨击美国证券交易监督委员会（以下简称SEC），因为后者试图将对冲基金纳入监管。他在2005年拒绝实行布什政府提出的对冲基金监管办法，并称对冲基金将来日子并不好过，不该管得太严。

说到此处而不得不提的是，格林斯潘自己现在就是一家对冲基金的合伙人，这家基金总资产达280亿美元，以其创始人约翰·保尔森命名。这位保尔森也不是无名之辈，正是他的基金在2007年大肆做空抵押债券，套现30亿美元，并引发了次级债的大跌。迈克尔·刘易斯的《大空头》（*The Big Short*）将这段故事演绎得最为引人入胜，如果我们采信书中的推论，那能做出这种事的恐怕只有天才了。

量化宽松政策环境下，各大央行的资产负债表纷纷膨胀，其中以美联储、日本央行和欧洲央行为最。

债务与股本：过度负债之殇

所有金融危机都有一个共同点：债务的滥用不受任何审慎风险管理的约束。

所谓冰冻三尺非一日之寒，债务的累积也是一个缓慢的过程。不过，滚雪球效应会使这一过程突然加速。于是乎，当我们中的一些人还在就此争论不休时，美国经济早已深陷债务之中不能自拔了。多数情况下，本用于避免债务激增的制衡手段并未发挥应有作用。国际货币基金组织、国际清算银行以及众多其他国际机构与各国央行应该能够察觉到日益增加的市场担忧情绪，且可获得各种复杂的统计数据。它们本应对全球债务的增长进行定期追踪，就算不是每日更新，至少也该是每月进行一次，可事实并非如此。

任何试图声称自己也被蒙在鼓里的辩词都是苍白无力的。央行明知金融机构的资产负债表在不断膨胀；私募股权投资者在三个层面上都有负债；而对冲基金本身就是靠债务维生的。银行资产负债表更是因其掩盖数百亿美元金融衍生品的做法而臭名昭著。我们本不该忽略债务激增带来的系统性风险，但实际情况是，业内人士对此不是目光短浅，就是拒不承认。

2007 年初的达沃斯世界经济论坛上，对于金融家们矢口否认存在任何严重风险的自负态度，与会者中仅有少数人表示了怀疑态度。纽约大学的鲁里埃尔·鲁比尼教授在一次金融机构举办的午餐会上已指出，美国经济的杠杆率已经达到 50 份债务对应 1 份股本这一难以维系的高度。也就是说，每 1 美元的股本，美国需要借进 50 美元债务。即使实际情况只有这个水平的一半，也足够让人忧心忡忡了。就在他说出此番话的几个月后，次贷危机爆发。

我们都有属于自己的“股本”。当一个家庭购买车辆或住房，他们会自行选择用于购买的借款和存款数量。不是借来的那部分钱就是他们的自有资金或股本。这个例子中不言自明的含义是，我们决定自己所持的股本水平。讽刺的是，在 2008 年前，美国人的储蓄率基本为 0。危机之后，“学乖了”的美国人也只是把这个数字提升到 5%。中国人和印度人将年收入的 1/3 存起来，欧洲人则为 1/6， 而美国人的却是一个醒目的“0”。有人说，亚洲人存款更多是要应对不确定性，这自然没错。然而问题是，在美国，我们为了“鼓励”消费者花钱，用信用卡透支，乃至购买那些其本无力购置的资产，简直已到了无所不用其极的地步。但我要说，和那些政府灌输给我们的思想正相反，花钱消费绝不是爱国的表现。

金融机构进行的是典型的高杠杆操作，有关规定设置了最低资本限额，当资本量低于此限额时，机构要么抛售股本，要么增加资金。2004 年，对投行活动施加的资本限额被布什政府取消，从而令这些机构的资产负债表以令人瞠目的速度膨胀。那些支持乃至批准此项改革者，可以说对金融危机负有直接责任。

在 2007 年的达沃斯论坛上，我在这场争论中用了一个比喻：如今的体系就像一艘“宇宙飞船”。每个层面的资金都很充裕，但也脆弱，且没有储备金。在某些层面上，我们甚至无法获得可靠的数据来评估其易损性。于是，外表堂皇的金融体系，其实在每个层面都累积了脆弱性。而且，由于这是一艘“宇宙飞船”，即使是某个层面上最小的失衡也会对其相邻层面带来威胁，后者又将其逐级传递给其他层面。简而言之，宇宙飞船中某一层发生的微不足道的变化，都会威胁到整个飞船系统：这就是所谓多米诺骨牌效应或系统性风险。

在各层面中，最为脆弱敏感的环节便是抵押信贷市场。出问题的根本也可能是任何其他层面。2007 年 1 月，体系风险水平无疑已达到了足以威胁整个金融系统的程度：当时系统性风险已经显现，但直至 2008 年 9 月雷曼兄弟破产几周后，官方才对此予以承认。只是到那时，一切为时已晚。

在中国股市 2015 年的过度杠杆借贷风潮中，情况如出一辙。事实早已俱在，但在危机发生前，政府却迟迟未能做出强有力的反应。

金融高管及监管部门之所以对危机征兆视而不见，是基于一个基本假设：既然房地产价格只升不降，那抵押债务的增长又有什么可担心的？换句话说，我借得越多，就富得越快。

次债骗局

所谓“次级贷款”，就是提供给那些被认为信用较差的家庭的抵押贷款。你可能会认为，对这种贷款的发展趋势会有一种自然的限制因素，因为这些借款人的还款能力有限，所以也就不会大笔借入贷款。然而，次级贷款在这一点上却耍了点“小花招”。为鼓励借款人借入抵押债务，贷款方会在头两年给出较为“有吸引力”的还款利率，而在此之后，利率则转为较苛刻。因此，他们其实早就知道，抵押贷款借款人迟早会戳破这个泡泡，且时间就在两年后。但他们相信房价会始终上涨，因此不成问题。

只要房价上涨，银行就会建议贷款人增加借款，获取个人资产贷款，从而使其进行更多支出和消费。一句话，他们鼓励家庭以超出其支付能力的方式“过上好日子”。美国全部人口中约有10% 在过去 10 年中以这种方式进行借款并得到了房子。这一百分比正好与金融机构在危机中的“止赎”比例相当。

借贷方随后找到了一条通过资本市场消除其承担风险的万全之策。他们发行以按揭贷款为抵押的债券。在这笔勾当中，热情主动地为这些承付债券提供最高评级的信用评级机构也是一个合谋者。于是风险通过债券化分摊给了市场，借贷方就可以高枕无忧了。然而，业内人士其实都知道，或本该知道，低利率并不会持续多久。估计相关风险并不困难，只要通过构建对应模型，根据不同的情境对按揭利率加以演算即可（好吧，我承认这也挺复杂的）。只要有人做过测试，那么根据这个模型，那些申请次级贷款的家庭将势必因还不起债陷入困境。可实际上，恰恰是那些做过相关测试和研究的家伙，把次级贷当成了筹码赌注。正因为此，我们中的一些清醒者虽试图质问政府：经济各行业的债务水平如何，如果利率升高，会发生什么，但均属徒劳无功。

这就是症结所在：至少某些国家和机构已经做过此类测试了。然而，由于金融领导阶层中洋溢的盲目乐观氛围，使那些应对风险管理负责者闭目塞听，对测试结果充耳不闻。甚至还有些银行的 CEO 抱怨这些严谨的测试结果太过负面，并干脆把他们自己的风险管理规程给否定了。

当然也有人真正明白这些债券不过是空中楼阁，其所谓支撑物不过是些在2005年借出，并将在2007年爆发的次级贷款而已。这样的投资人早已开始逐步做空这些债券，并笑到了最后。这一切的始末，在迈克尔·刘易斯所著的《大空头》中，有着极为精彩的呈现。

从2007年3月到2008年9月，这宝贵的整整18个月被我们浪费。整个系统的崩溃本可得以避免。政府官员、证交所、股东、监管机构、央行乃至财政部长都一厢情愿地以为危机状况会自行改善。2007年6月，在某家大型美国银行的午餐会上，其首席策略官还向他的个人客户大拍胸脯，称次贷问题已经得到控制，不再对市场构成威胁。这种对现实的否认是一种危险的征兆，其会造成盲从，并排斥不同角度的思考。当某个人不再听从劝告，那他也就快大祸临头了。

摆脱了《格拉斯—斯蒂格尔法案》① 中投资银行活动与商业银行活动相分离这一规定的掣肘后，金融机构开始疯狂膨胀。而小布什政府拒绝对金融市场和金融家施加任何形式的额外监管，在其推波助澜下，监管部门无所作为。即使是SEC企图对对冲基金实行登记这一谨小慎微的尝试也在华盛顿高院的一场诉讼后无疾而终。至于欧洲，既没有相关法规，也缺乏制度框架，还得依靠美国的监管覆盖，并在出问题时……加以谴责。没错，仅仅是谴

① 也称作《1933年银行法》，是美国在1929年大萧条后进行的立法，内容是将投资银行业务和商业银行业务严格划分，保证商业银行避免证券业的风险。这一法案中的相关规定在1999年被新生效的《金融服务现代化法案》取消。

责而已。

解密金融

金融并非神话，可如今却被弄得神秘兮兮的。它将自己的真实面目掩藏在了繁冗复杂的数据所织成的厚重面纱之下。我们之所以要透过金融的芜杂表象对其追根溯源，主要目的并非为了给这场危机找到几个替罪羊，而是发现体制中隐藏的那些必须通过改革才能得以纠正的薄弱环节。我们须亡羊补牢，来避免自己重蹈覆辙。

我本人受邀为法国主要大报《世界报》和《赫芬顿邮报》定期撰写专栏，这方面的经历让我明确认识到，金融并不为人所熟知：它不是高中或大学教育的组成部分，而仍然只是专家圈子里的高深话题。这些圈子里都有哪些人？财务主管、政策决定者、企业家和投资人。他们对此现状心满意足。

当危机到来时，这种对待金融的态度让我们徒呼奈何：在新闻头条里，鲜有对金融基本原理、其参与者、整体体系及滥用行为的报道。如果我们不想危机一幕再度上演，就有必要让公众了解金融的机制，能够获得此类信息，并领会其政治、经济和社会意义。最骇人听闻的，恐怕就是选战期间出于政治利益而出炉的经济和财政报告了。这意味着选民只能被动吞下几乎所有金融酿造的苦果。

化用一句法国学生在 1968 年 5 月[①]贴出的政治口号，就可以说“如果你对金融没兴趣（interest），金融就会对你收利息（interest）”。或者说得更诗意一些，就像 20 世纪初法国作家爱德华·布尔特所说：“金钱就像女人，要留住她，就不能对她不闻不问，否则她就会找别人寻欢作乐。”

这些话说得不错，毕竟金融支配着我们的生活。我们的家庭、亲友乃至社会关系的各方面安危均操于金融之手。而糟糕透顶的是，金融家们甚至已成功蛊惑了那些受过高等教育的人士，让他们相信关注金融并无用处，因为它太复杂了。其实这种复杂性是金融家们有意为之，甚至通常就是伪造出来的：其目的就是确保客户对提供给他们的产品，要负担的债务或是自己使用的信用卡不会有太多让人“为难”的问题。

这也是为何我将自己在法国《世界报》的专栏命名为“解密金融”的原因所在。金融不是什么神话，而只是一场骗局。而且，只要我们不构建合理的制度来实现真正透明诚信的管理，那这场骗局就会继续下去。金融的不透明，并不仅仅因其复杂性所致。另一个重要原因在于，这一领域全球范围内的主要“玩家”不愿意让你了解金融的游戏规则。这样一来，他们就能继续散播符合他们自身利益的谬论，并蒙蔽公众的视线。

既然如今的危机让金融自己走到了前台，我们不妨趁此机会近距离地对其加以检验。不仅为了解其运作原理，也让我们不被它的花言巧语所蒙蔽。本书的目的，就是让读者能了解、预判以

① 此处指发生在 1968 年的法国“五月风暴”学生运动。

及面对金融在他们生活之中所呈现的各种不同面貌。

而对于喜欢把金融妖魔化的读者，我们也需要澄清一些事实。金融是经济、社会和政治社团运行的重要组成部分。它对我们既不谦卑，也不倨傲。如果它表现得确实有些傲慢，那也是因为它的角色至关重要，无可替代。因此本书目的不是对金融加以诋毁中伤。

我们需要了解金融，是为了确保它的运行所遵循的规则是公开透明的。金融家们应该认真严肃地对他们的行为负责。在危机之后，金融还是回归默默无闻来得好，它并不适合抛头露面。但是，对于消费者和民众而言，却应该对金融机制有基本的了解，不如此，就无以实现真正的金融民主。

过去 10 年中，我们见证了金融力量的肆虐，由于缺乏有效监管，加上透明度不足，使它在各个层面均横行无度。它为追求自身利益而实施的策略绑架了整个经济。在此，我们有必要明确一个基本认知：金融是以服务经济为目的的行业。其本身并非目的。对于已大权在握的华尔街或金融城来说，这份谦卑可不是它们的自我期许。我们对金融的观点在金融中心和相关机构里是无人问津的。金融家们相信，金融本身就是目的，而客户只是工具。

2007 年，美国公司利润有 1/3 来自金融行业。换句话说，实体经济每挣 1 美元，金融服务业就得 50 美分。金融已成为经济的主导因素，而资本市场已如脱缰野马般失去控制。在愚蠢自负的评级机构的推波助澜之下，资产证券化如洪水般席卷整个市场，进一步吹大了金融泡沫。

对金融详加查验，并不是对它加以刁难和苛责。金融有其富有魅力、迷人的一面。华尔街金融题材电影的成功正是这种魅力的体现。它永不止歇，总是不断地激发我们的想象，点燃我们的激情，无论这激情是欲望还是欢乐，是憎恨还是愤怒。金融对待我们并不冷漠无情。它麾下的演员也许会上演疯狂的行为，但也有其自身作用，如果没有他们的表演，那我们社会各个领域的发展就难以整合。在这场华丽演出中，面对巨大舞台上那一幕幕大戏，我们观众又是抱着什么样的心态呢？在混杂的怀疑与愤怒之中，也许还有那么一点嫉妒。

金融幻术师

“货币幻觉”是古典经济学中的概念。其最初由约翰·梅纳德·凯恩斯提出，并由欧文·费雪在 1928 年进一步发展成熟。不过，这个概念的发明者们恐怕都从未想到，货币幻觉的手法会发展到如今的地步。金融并不会创造奇迹，而且“如果情况好得令人难以置信，那多半因为它本就不是真的”——如果本书起码能让读者相信这点，那也算有所裨益了。阅读本书，兴许能避免一些错误投机所引发的灾难，在过去两年间，成千上万的家庭因这些灾难而被毁。

而且，不管读者身居何种职位，我都希望本书能为他们带来启迪，让公众成为真正的公民，意识到政府也与金融神秘化的过程脱不了干系。如果能做到这一点，那么也是一桩有益于民主的事。

我们再也不能让金融的缰绳仅操于金融家之手。在过去十年中，他们的傲慢自大和玩世不恭，早已令他们为了获取金融业的一己私利而背叛了其真正本职。金融对我们的经济和社会所带来的切肤之痛，应已使我们对那些金融业者的道德感不抱任何幻想。

说这话时，我并无意一棍子打死所有金融从业者。在金融行业中，也有许多有着强烈道德感，并尽职尽责为客户服务的人。实际上，他们才是行业中的大多数，可他们通常无权无势，并最终沦为他们上司自私行为的牺牲品。这些从业者并未忘记，是金融为经济服务，而不是相反。但金融其实已渐渐脱离银行掌控。近十年中，在交易员的利益驱使下，银行已不再是顶级金融机构了。

监管的全新前景

金融该如何监管？如何执行相关规则？如何防范未能遵守规则的情况，并加以惩罚？要回答这些问题，就必须深入金融的核心；我们不仅要对现有的错误仔细勘察，而且还需明确那些用以纠正当前局势的应对措施。针对那些对银行心存疑虑者，银行加大了游说的力度。2010 年，华尔街每天花在游说上的费用高达 140 万美元。这场去神秘化进程的对象不仅是金融价值体系，更是金融系统内部人士所应承担的职责。这一系统已向我们展示了其自我毁灭的能力，而且毫不顾忌他们自己的金融豪赌会对系统之外造成如何严重的破坏。

这种不负责任的做法决不能放任自流。连被称为“奥马哈先知”的沃伦·巴菲特都说过，金融衍生品是“大规模杀伤性金融武器”。

从现在起，我们将面临的是重建金融体系的挑战。但除了采取明确的行动，我们也需要面对一场艰难的辩论。许多圈子里对这一辩论避之不及，其主题就是：对金融价值体系的探讨。如果我们拒绝面对这一道德命题并从中重获使命感，那金融业就势必要重蹈覆辙。金融决不能是既无信仰也不受法律约束的所谓自由人。

奥巴马总统的财务顾问及比尔·克林顿任期的前财务部长拉里·萨默斯在 2009 年底于纽约召开的一次会议上说道：“人类并不会有所改变，我们不能在制定规则时假定金融参与者了解社会和政治问题。他们只是服从无意识的本能。”这话说得很不客气，但却实在。

华尔街已经再次露出了贪婪本性，又开始对实体经济和消费者的需求充耳不闻。不要指望金融家们已经吸取了教训。也许有些人能吃一堑长一智，但整个系统并未改变。因此我们必须追溯问题的根源，并决定如何构建并监管金融机构，以使其不触犯道德法则和自然法。

这个使命并不新鲜，且只要人类存在就永无终结之日。不过如果这次危机能促使我们在一定程度上亡羊补牢，那也算犹未晚也。不过心怀希望并不意味着就能实现理想，我们需要的是面对现实，脚踏实地。当前的挑战是建立下一次危机来临前所需要的缓冲，接下来几年中，将在全球范围内实施的“巴塞尔协议Ⅲ”便以此为目的。但无论新架构如何，金融自身也会加以调整适应。它就好像阿米巴原虫，无论围绕它的架构如何，它都会延伸到各个空间角落；不管体制如何，它都自有手段途径来大发其财。所以我们根本不必为金融本身担心！

本次金融危机造成了巨大冲击，我们对此怒火中烧也是情有可原。除了贪得无厌和肆无忌惮，我们还看到了金融家们为了满足自己对权力和金钱的渴望，会怎样不择手段。任何一个担任公共或半公共职位者——从我自己的情况来看，我曾代表比利时政府推进私有化进程，也是一家公私合营公司及欧洲投资基金的领导，并在纽交所负责其自我监管——都经历过这场气氛紧张的角力，其一端是金融，另一端是经济和政治。多数情况下，金融都占据上风。

决不能容忍金融建立至高无上的霸权。这种权力本身便荒唐可笑，且与民主原则相悖。我们已经看到，金融无法实现自我监管。某些金融机构把整个体系当成了轮盘赌桌，还在上面输得倾家荡产，然后居然还有脸要求不受监管，简直是孰不可忍。我们决不能让这一幕再度上演。正因此，我们再也不能将金融仅交予金融家之手。

CHAPTER 1

停止欺诈消费者

CHAPTER 1
停止欺诈消费者

金融业者和公众之间的微妙信任关系已被危机打破。金融界失去了公众的信任，这固然是个悲哀的事实。然而更为悲哀的是，银行仍不思悔改，依旧在慢待它们的客户，这只能说明它们根本尚未体会到那种弥漫在公众领域的被背叛感，也不明白这种感觉并不会轻易消退，并会对政治乃至社会全局造成深远影响。

本次危机中令人印象深刻的，是美国金融界对待其顾客时那种冷嘲热讽、坑蒙拐骗的态度。而客户所遭到的欺骗正是金融危机的肇始：在缺乏足够透明度的情况下，他们轻而易举就贷到了钱。结果却是借钱容易还钱难。我们难道忘了 2008 年前美国每周接受的信用卡以及房屋抵押贷款或净资产贷款申请数量有多大吗？还有 2007 到 2008 年间，各大银行为追求信用卡市场份额而进行的大肆扩张究竟有多不合时宜？纵观整场危机，消费者沦为了众多数量惊人的金融创新的实验对象，这些所谓“创新”不但可能会令他们自己与家庭变得负债累累，有时甚至会让他们倾家荡产。如今面对危机，这些银行唯一的自救方案就是采取一致行动：向其监管方美国货币监理局诉苦。至于银行各种各样的新规定和附加费用，人们的感受就是不胜其烦。这除了让银行和顾客间的信任赤字越拉越大外，别无他用。

当然，消费者，尤其是美国的消费者在这场危机中也不能完全免责。他们宁愿冒风险举债，也不肯更加谨慎地管理自己的财务状况。美国家庭储蓄率之所以降至0点，原因绝对不仅是不负责任的债务市场这么简单，消费者在进行购买时盲目自信，对自身财务的薄弱环节视而不见，最后酿成苦果。美国号称全球最富有的国家，却也只有美国人的储蓄率降到如此地步。

全球范围内的最新监管改革是否能恢复公众信心？若要做到这一点，改革就应以消费者为中心。可惜这并非监管部门的主旨，它们更关心的是金融稳定性，至于为客户提供公平诚信的服务，那是次要的。

出了岔子的银行系统

银行机构有各种各样的称谓，比如储蓄银行、商业银行、接受存款机构，以及消费金融机构。它们是金融业的中心所在，起到的功能是吸纳存款，并将其转化为某种形式的对经济活动的借款。这就是金融中介活动的基本原理。

如果我们阅读近几十年的经济学教材，会发现只要涉及金融，均会围绕将存款变为贷款的转换功能而展开，这成为了金融的主要功能。用最为简化的模型加以说明的话，就是一个客户将存款存在一家银行中，后者根据这一存款的性质和持续时间，将其转换为某种形式的信贷。存款人可根据其存款的条件提取存款，而银行以此为基础发放贷款。在这一简化模型中，银行作为中介，要承担借款人破产的风险。有两大重要因素使得银行的作用正当化：公众对银行的信任和银行掌控的资本。有了这两者，存款人才愿意把钱存在银行。

在欧美，围绕银行所收取的各种名目繁多且缺乏透明度的费用是否合理而进行的争论正有愈演愈烈之势。

如今，银行业与其个人顾客间的信任契约已被打破，而受害方是不会轻易忘记自己的上当经历的。银行的做法，暴露出其在处理公信力问题时的鼠目寸光，缺乏远见。它们拿着大量的政府救助，却忘了它们的客户不仅是真正拯救自己的纳税人，更是有着投票权并形成舆论的公民。幸运的是，普通个人和家庭并未失去常识，也不曾弯下他们的道德脊梁，而这两样东西在银行家身上早已付之阙如。

这一银行与客户关系演变的后果还包括虚拟货币（如比特币）的诞生，以及被称为“影子银行”的银行系统外融资的大肆扩张。

拒不认错

在任何交往关系中，恢复信任都比建立信任更困难。银行如果要平息公众的失望情绪，有一步是必不可少的，那就是首先承认错误，然后再去评定具体补救措施的是非功过。然而，却鲜有银行家自承对这场危机负有责任。

某家美国银行的高管在访问巴黎期间，被他的欧洲同行问及银行在危机中的责任问题。面对质疑，他非但矢口否认是自己所在银行的荒唐行为使其几乎陷于破产，还反而开始怪罪起市场的不是来了。

接受国会质询时，许多本次金融崩盘的当事人却拒绝承认自己负有责任。他们的拙劣表演实在让人无法容忍。

安然前 CEO 约瑟夫 · 斯奇林曾假装自己对安然通过其他公司隐藏债务的情况全然不知，并就此控告他的同事，尤其是他的首席财务官。可事实上，他就是那家公司的董事长。在这一案件中，当一位参议员质问他如何解释自己的奖金数额的时候，他干脆声称自己不记得自己的薪酬了。最后还是靠一位颇有胆色的女性莎朗 · 沃特金斯站出来指证斯奇林的金融恶行，才将他绳之以法。《时代》杂志也因此将她选为 2002 年度人物，并称她为“丑闻揭发者”。

商业银行处于这场争论的风口浪尖。当被问及信用卡和抵押贷款问题时，它们通常会对再明显不过的事实矢口否认，辩称这些问题也给银行带来了损失，并拒绝对自己头两年以优惠利率引消费者上钩，然后突然加大利率的做法承担任何责任。

对冲基金经理一边通过大量卖空有组织地攻击金融机构，一边还大肆抨击市场。要知道这些被袭击的金融机构虽然因危机而被大幅削弱，但若没有对冲基金这种落井下石乘人之危的做法，其股价绝对不会跌到如此之低的估值水平。因此，对冲基金不仅点燃了下跌的导火索，而且还火上浇油。当然，对冲基金是绝对不会承认自己这种“集中攻击”会导致危机的，在他们看来这甚至连“推波助澜”都算不上。

有一份报告显示，雷曼兄弟公司通过与审计员合谋在会计操作中作假，少报了300亿美元债务，而银行前主席兼CEO迪克·福尔德，也是该银行破产的罪魁祸首之一，在面对质询时声称对此一无所知，也拒绝对此负责。

而比利时—荷兰公司联合组成的金融集团“富通银行”（Fortis）因破产危机而最终接受比利时政府救助后，集团创始人兼主席还就其管理“未能足够独断专行”而道歉。但他从未就自己在富通收购荷兰银行（ABN Amro）过程中进行大规模增资时，未在招股书中提及后者高达500亿美元的有毒资产一事承担过任何责任。

这种拒不认错的行为让公众如何恢复对银行的信任呢？这种否认，不过是自欺欺人而已。不承认自己对危机负有责任，公信力的恢复就无从谈起。那些身为危机元凶的机构高管，不仅拒不认错，而且已经把自己的否认态度变成了一种无意识行为。

幸运的是，也有少数领导者开始探讨整个行业的责任问题。他们对自己同行的玩世不恭感到愤慨，并对此越来越直言不讳。

但否认行为仍十分普遍，尤其是涉及赔偿的时候，某些人的表现就更能说明问题了。因此有必要对整个行业的从业资质都加以全新规定，因为这些从业者都已经不知道自己应具备什么资质了，他们居然还不明白自己要如何做才能填补这条不信任的鸿沟，并一厢情愿地以为时间能够弥合一切创伤。

透明度的逐步提高是个进步，但全球范围内，金融高管们仍有不少机会误导公众舆论。

银行欠纳税人的债

拯救金融行业，特别是银行的，是我们的纳税人。在一些国家，这些干预措施增加了公共财政的负担，加剧了政府的艰难处境。而在美国，最终由纳税人为这一切埋单。遗憾的是，金融家们全然不愿承担自己对纳税人的责任。而事实上，后者才是为挽救这个缺陷重重的行业而付出最多的，虽然他们其实是和这场赌博毫无关系的局外人。如此一来，金融家对纳税人欠下的，就是钱财和道德的双重债务。至于确实从干预中受益的美国财政部也不应忘记这样一个事实，当时并没有人准备这笔需要注入的资金。

因此对政府的救助措施给予远高于市场利率的公平回报是有必要的。如对美国财政部对花旗银行的 450 亿美元注资获得了 123 亿美元收益，2 年收益率达 28%。多数不良资产处置计划（TARP）下的干预最终对纳税人也都是获益的。

在拿着纳税人的钱去救银行的案例方面，最为令人震惊的例子就是冰岛。该国银行在全欧洲建立子公司，并以比当地市场更高的利率条件来吸收存款。如此一来，虽然这些银行的资产负债表早已膨胀到了不合理的程度，而冰岛政府却挑不出错来。然后它们一个接一个地违约，并最终拖垮了冰岛经济。

2010年2月，冰岛进行全民公投，反对将30亿美元的公款用于偿还对英国及荷兰客户的欠款。目前，在国际金融机构的斡旋下，各方正在重启对这些银行借款的谈判。不过充斥这些谈判的却是政府和银行互相扯皮推诿责任的各种争吵。冰岛经济在这场危机中首当其冲，遭受重创，短期内绝难恢复。一项冰岛法院的判决，令主要由欧洲银行持有的至少80亿美元的债务偿还成为悬念。

而说起救助措施，世界上没有哪个地方能比美国规模更大，光是对美国国际集团（AIG）一家的救助资金就已高达1800亿美元。而房利美和房地美的国有化更甚，共花费3000亿美元。

这两家政府赞助企业占到美国抵押贷款总额的70%，其花费了大量财富用于游说国会。拜汉克·保尔森的回忆录所赐，我们终于得以了解美国的国会是如何被这些机构的高管所收买的。目前，这些机构为90%的抵押信贷市场提供担保，新的改革将逐步降低这一权重。

银行家的言辞之间给人的感觉，就好像纳税人和联邦政府对其施以援手是天经地义的一样，这实在叫人不忿。

他们还对政府行使监管权力的方式横加指责，认为这不可接受。照他们的要求，难道政府该给张空头支票让他们随便花吗？银行欠纳税人的是自己的一条命，即使有些银行已经还清了金钱债务，但道德债还原封未动呢。

这里的问题是，金融机构到底负有什么社会责任。无论是美国还是欧洲的银行，均不曾履行在危机中借款给中小企业与个人以帮助复苏计划实施的承诺。以此观之，它们对自身的社会责任根本就毫无意识也毫不重视。

对于帮助自己重获翻身机遇的纳税人，银行和金融机构的高管却少有表达悔意的，更不要说歉意了。在一些银行看来，它们理当获得纳税人的救助，而政府反而是对此加以阻挠的敌人。

时代已不同了。今后将再没有哪个政治领导能再提供如此大规模的救助。金融行业自身要承担起责任，趁为时未晚之际亡羊补牢。对应的，金融也必须加以严格监管。其唯一可怪罪的将只有自己。

自金融危机以来，数次新问题的出现，表明对消费者的进一步保护仍然至关重要。最近一次就是 2015 年夏季中国股市的崩盘。

在市场杠杆作用激发下，上证综指飙升 150%，而紧随其后的就是无可避免的市场纠正过程。

别再用信用卡欺诈消费者了

全世界 23000 家银行发行了共计约 10 亿张信用卡，其产生的信贷额度约 10 万亿美元。在近期一次对信用卡发行者的行为分析中，这些发行者被称为“信用骗子”。在针对中小企业及个人的信贷领域，金融业界堪称最堕落的产品当属信用卡。我在此针对的不是什么万事达卡（Master Card）或者威士卡（Visa）之类信用卡平台，而是发行这些信用卡，并承担用户信用风险的银行。美国最主要的发卡行是大通银行、美国银行、美国运通和花旗集团。

它们争先恐后地对消费者大发信用卡，目的完全是出于行业竞争，而几乎不审查借贷人的资质。危机爆发时，单在美国，就有不少于 3 万亿美元的信贷额度作为信用卡借贷而授予借贷人。而这些卡的未偿余额约达 8000 亿美元。

这笔债务远未得到妥善解决，并仍是金融界最严重的威胁之一。试想一下，消费者前几年刚办了住房按揭贷款，如今正因为利率的提升而捉襟见肘，碰到信用卡这个意外提款机，当然大喜过望，要进行“最大限度”的利用了。显然，美国信用卡所造成的损失将成为一大威胁。银行借此发动了又一场对消费者的袭击。用户每次偿还较多欠款时，银行反而降低他的信用额度；不用的卡会被取消，并且让持卡人的信用评分变差。而信用卡欠款的利率却日渐升高。

信用评分机构：消费者的催命人

在我《赫芬顿邮报》的专栏中，我把信用评分机构称为“消费金融的催命人”。这是一个最为堕落腐化的机构，可却逃脱了审查。它们的所谓标准充满了欺骗，完全是银行的合谋共犯。在其帮助下，银行才得以对来自中小企业和个人的贷款申请视而不见。

小企业的企业信用卡多半遭到收回，企业家的个人信用也受到牵连。有人认为银行之所以在意这些评分，是为了追求更多的债务，但实际上，其目的通常是追求更好的借贷条件。这在很大程度上是保护放贷者，而非消费者的利益。

除非由新的消费者保护机构对信用评分机构进行严格审查，否则千万美国人的财务状况就将始终受制于信用卡发卡行和信用评分机构这对狼狈为奸，以敲诈勒索消费者为己能的共犯。

这并不是说银行不应对其借款人的财务健康状况加以评估，但这种评估不应以压榨企业运营和家庭生计为目的。

堪比高利贷的利率

信用卡用户现在究竟是什么处境？看看一封花旗银行私人银行业务的信函吧，该信向所有持卡人宣布，信用卡年利率将增加至 29.99%。而当时银行借款利率还不到 1%。这个利率高得离谱？的确，这也是为何信用卡公司都坐落于南达科他州的原因：因为该州对高利贷没有相关规定。

我们已实施了一系列严肃改革，以竭力阻止信用卡发卡行的这种行为，美国总统在国情咨文演讲中甚至称此为“对消费者的直接袭击”。

信用卡发卡行有义务改变它们对待消费者的方式。首先，不应再对信用卡进行任何形式的广告宣传，这种做法是在鼓励消费者借贷。且除了信用卡外，消费者还无法通过其他途径借贷。

除此以外，消费者应该明白，他们也要为自己的决定承担责任，过度负债可能令他们妻离子散，家破人亡。而当消费者开始意识到信用卡的风险并更多使用借记卡时，银行却无耻地创出新的收费。监管部门必须强制规定全世界的银行鼓励消费者更多使用借记卡，而非信用卡。

参议员多德对美国政府为限制某些离谱的信用卡业务所采取的新措施进行陈述时说道：“我们的经济正陷于危机，消费者正面对财务困境，而信用卡公司却在继续压榨消费者。”

新形式的欺诈

信用卡行业在全球范围内掀起了一场各类收费的竞赛，其结果就是行业本身因这种横征暴敛而陷入危机。与1年前相比，仅美国的信用卡数量就减少了3200万张，额度减少了1千亿美元，减幅达10%。这标志着一个拐点的到来，说明一般家庭都已经察觉到信用卡变得愈发危险了。不用说，信用卡发卡行对这种趋势却自有另一番看法！

消费者在吸取了信用卡带来的惨痛教训后，开始更多使用借记卡，因为后者没有已经堪比高利贷的债务利息。而银行却趁机开辟了借记卡的新战场。

银行对国会进行游说，以取消消费者金融保护局和美联储所采取的措施。如果没有这些措施，银行就可以随意征收无须任何成本的额外收费，即使是借记卡也不得幸免。

信用卡发行商可不会为了那些对其抱有幻想者而停止骚扰消

费者，至于其行为对消费者和经济造成的后果，它们才懒得理会呢。

保护消费者免受金融恶行之害

巴拉克·奥巴马总统成功创立了一个新的联邦机构：消费者金融保护局，其职责便是保护消费者免受金融恶行之害。这个机构将对那些银行处心积虑所创建的，旨在通过压榨客户来给自己的无度行为埋单的制度加以审问。如果我们希望公众恢复信心，那就要正视这一问题。

该机构的主席会在系统风险管理当局董事会中有一席之地，仅此就足以显示政府的态度并非儿戏。银行竭尽所能阻挠这一新机构的创立，但实际上正是它们所引发的消费者的愤怒才催生了这一机构。对于饱受困扰的消费者而言，这是一次巨大的胜利。银行也反对该机构主席的任命，因为害怕其可能会对它们的业务进行有效审查。

金融机构不会自己养成对客户、顾客和公民的尊重，次贷危机以后，各种新形式的欺诈恶行又卷土重来。银行大肆增加自己的佣金和利率，拒绝将利息利益转让给零售客户，或增加对消费者或中小企业的借款。

这次，我们必须以更加严格和有效的方式，对消费金融加以监管。金融家误导了自己的顾客，并让他们丧失了对金融的信任感。恢复信任并非不可能，但这首先要求金融机构实施全新的规章制度，并进一步增加业务透明度，否则我们只能眼看着金融信誉腐败堕落，消费大幅萎缩，经济复苏乏力的情况持续下去，并将经济再次拖入危机之中。

消费者是支撑经济体系的脊梁。让他们继续背负银行金融恶行造成的重担，对金融机构而言等同自我毁灭。政府当局是否有勇气去承担自己的责任？毫无疑问应当如此，这样一来也能避免政府花纳税人的钱对金融机构实施进一步救助。公民的信心是最好的回报。

这可能是个大工程：政府不仅必须保护顾客，还要在向他们提供复杂产品前加以指导。重建银行与其顾客间的信任关系将耗时长久，但前提是他们真有此意。

影子金融的风险

世界上多数国家的政府都以银行为调控目标，借助的调控手段就是出台旨在限制银行的杠杆使用，或抑制其资本需求增长的各种措施。

而在银行为避免不动产及其他资产的泡沫而收紧银根时，借款人便可能寻求在银行体系外获得融资。

虽然这看似对稳定银行有利，但实际上只是将融资外部化而已。正如“影子银行”这一称呼所体现的，其监管肯定不如银行严格。以这些未受监控的放款人为短期资金来源，将导致流动性危机的定期复发。

此举也将借款人置于危险境地，因为短期借款利率可能快速飙升，如 2013 年在中国，信托基金需要以高达 40% 的利率借入资金。

恢复公众信任

今天，距雷曼兄弟破产已过 7 年，离次贷危机爆发已有 9 年，可公众舆论对金融业仍有着深深的不信任感。由于银行是业界与消费者的桥梁，且在公众面前曝光率较高，因此在这场信任危机中成为了首当其冲的受害者。

但这也并非什么不可克服的困难。要恢复公众信心，当务之急是做到以下两点：首先就是不再玩弄那些或明或暗的花招，以试图向那些已经感觉上当受骗的顾客征收更多的费用。这些小聪明只会进一步加深消费者的猜疑。

其次是学会与公众沟通。金融信息十分重要，需要对公众加以教导，使其能够理解这些信息。这就需要我们改进自己的表达方式，不能像现在一样晦涩古板，而是更加通俗易懂。对于银行各类产品的性质，及其相关成本和风险，需要将其公正透明的相关信息告知公众。

如果你与金融业沟通专员或银行人员谈话，会发现他们沟通的目的性始终暧昧不清，模棱两可。为了防止自己说多错多，金融机构的发言总是能少就少，而多数银行 CEO 则面临诚信危机的考验。在不危及审慎原则的前提下，金融高管必须将沟通视为一种必要的职能。当然，不是每个人都能成为比尔·盖茨或史蒂夫·乔布斯那样的沟通大师的，但如果金融高管的意见传达让人倍感无聊，或是给人感觉是照着律师给的稿子照本宣科，那都是很成问题的。要知道，在服务行业，沟通能力不可或缺。而金融也是服务业。

CHAPTER 2

规范薪酬制度

金融家所独占的利润比例之高，为其他行业所鲜见。因此，除非金融机构将其薪酬降至社会可接受的水平，否则恢复信任就无从谈起。

金融业，只占了就业人口的10%，但是却分享了25%的薪酬，这有何道理呢？要是我们以其他各类非金融类企业中领导人的薪资估值为参照，金融高管们的贪婪就暴露无遗了。

关于金融高管的薪酬，还有一点是值得大书特书的，那就是奖金分红。媒体将此大肆渲染为万恶之源，以凸显高管们的贪得无厌。但在冷眼旁观者的眼里，太阳底下没什么新鲜事。

从过往历史来看，过高的高管薪酬早就屡见不鲜，政客们对此其实也心知肚明。可等到媒体曝出料来，他们却还要装得大惊小怪，好像自己从来不知道有这回事一样，让人大感虚伪。而这背后体现的，其实是政客们对此模棱两可的态度。难道还需要我提醒他们，奖金也是需要纳税且确已纳税的吗？政府怎么会不清楚这笔税收呢？纽约和伦敦的预算还得仰仗那些从高管们的奖金中征收的，数以十亿计的税收呢。

而薪酬领域最大的虚伪是：这些酬金被“发给”接受者，并由董事会做出“批准”或“决定”，但却不会公之于众。我还记得，当我试图说服一些非美国企业CEO让其企业在纽约证券交易所上市时，他们最关心的就是这一点。这些领导人中的一位曾对我直言不讳道：“你得明白，如果我公开自己和公司内主要高管的薪酬，我绝对会碰到大麻烦的。所以我不可能那么做。”一家法国公司陷入全员大罢工，原因就是公司CEO的薪水——25万美元——被人传了出去。而解决方案也很快就出笼了：非美国企业的领导人得到证交所许可，可对其主要高管的薪酬秘而不宣。自金融危机以后，这一方面的制度已取得了长足进步，但欧洲和亚洲的金融机构在薪酬披露方面仍做得很不够。

为对薪酬做出所谓“客观决定”，多数金融机构董事会求助于咨询公司，但这些公司的诚信度着实令人生疑。这是一些专职提供“合理薪金水平”相关意见的公司，而其所根据就是多达几十页的关于合理水平的各种数字。它们为那些前来寻求意见的公司界定何为“公平”，而咨询公司自己所获报酬的多少，则由客户公司根据其报告质量来决定。具体由谁负责呢？就是按照报告可获得高额薪酬的高管们！对此，NBC一位以敢于直言著称的首席评论员吉姆·克莱默一语道破：“既然所有大公司都用同样的咨询公司，且互相攀比，那么所有的高层即使表现不佳也一样可以手握高薪。”有人曾对25家美国公司的薪酬水平进行了一番综合比较，结果很能说明问题。甲骨文公司CEO在10年时间里薪酬累计高达18亿美元，而同期公司股价却下跌了70%。很明显，他的薪金与股东利益并不一致，甚至背道而驰。

而美国人的做法很快就名扬海外了。戴姆勒·奔驰集团CEO于尔根·施伦普在听说克莱斯勒与其同级高管的收入时吓了一大跳，因为后者是他自己收入的数倍。毋庸置疑，这些薪水都已经在“公平公正”的前提下大幅上调了。

欧洲已决定对过热的高管薪酬“降温”，可美国这边依旧对此毫无限制。除非政府是这些金融机构的贷款人或所有人，情况才另当别论。

银行家到底值什么价？

在金融业者的薪酬问题上，我们怎么会出这么大的岔子呢？《纽约时报》所提出的这个问题，就是冲着那些受政府救助的金融机构而去的。

现行薪酬体系将所有业绩都归功于个人，却对那些与个人才干资历无关的多种复杂因素视若无睹。然而若无这些因素，个人表现又从何而来呢？于是，个人就此谋夺了本不属于他的成果。而且，既然设置薪酬标准的正是那些从中获益者，那又有谁能来制衡他们自己的贪念呢？何况在这方面，高管们总有说法来糊弄董事会，比如应该“让薪资水平随行就市”，或者“如果我们不许以高薪，我们在这个领域可能会失去人才”。这些话当然不算全错，但却是以偏概全。

这种将业绩个人归因的做法是基于一种错误的设想：即相关人等的聪明才智才是企业经营活动产生利润的唯一原因。正是这一在企业界日益传播的想法，导致了如今过高薪酬的局面。也正是由于高管们为满足个人自我利益而驱动的竞争，最终令金融业毁于一旦。

抛开上述原理不提，现实中的薪资问题也已变得空前复杂。这就好像是一枚烟幕弹，让董事会乃至薪酬委员会的管理因无法获得充分信息而难以落到实处。不过，在获得政府资助的公司，削减高管层薪酬的尝试已取得了一定成功。这些银行的领导人们接受了远低于市场水平的工资。他们肯定不指望靠工资立马发财。

多年来，公众一直在问一个问题，可对此至今尚没有令人满意的解答，那就是：一个人的工作，怎么就能价值上亿美元？这个问题可谓一针见血地指出了那些我们早已屡见不鲜的各种金融恶行的本质所在。对常识和价值观的违背，算得上美国最臭名远扬的“输出品”之一。

这是公司与个人间的真实冲突，而这种傲慢自大又荒唐可笑的天才决定论其实根本不值一驳。难道我们忘了，个人的表现如何，是需要取决于他所在公司的整体素质的吗？而如果没有团队精神的协助，那个人的贡献又从何谈起呢？

公司规模能否为薪酬提供合理性？

有人主张：公司规模越大，其管理者的薪酬势必越高。其所仰仗的理论基于以下“事实”，即大企业的风险要比中小企业高得多。然而这是真的吗？

要搞清楚这个问题，首先得明确的是，我们在这讨论的是什么风险？如果说薪酬是对个人的奖励，那其针对的应是个人所承担的风险。难道我们要假设大公司的领导所承担的个人风险要高于中小型公司领导所承担的个人风险？这实在令人难以置信。仅靠常识就能判断，一个销售额达 10 亿美元的公司 CEO 所承担的个人风险，肯定不是产品或服务销售额 1 亿美元的中小企业家的 10 倍。

对此我还要再加上一点：大公司的 CEO 可以为自己配备更多专业人士，当然这些人的价码也更高。如此一来，他的“个人贡献”也就不全是他自己的了。由于这两类职位我都有担任过，所以对此还是颇有发言权的。

虽然公司越大产出利润越高的说法听起来似乎符合逻辑，但这也是相对而言的。在同一行业内，利润率 20% 的公司 CEO 的薪水的确应该比利润率 10% 的公司高。但这与利润的绝对规模无关，即便 20% 的利润率对应的是 1 亿美元的利润，而 10% 对应 10 亿美元利润，也应如此。

同样的道理也适用于特定金融业务。应该纳入考量的，不仅是绝对的数额，更应该包含相对的和定性的业绩。100 亿美元规模的对冲基金的操盘手，赚的未必就是规模仅是其 1/10 的同行的 10 倍。

而这才是现今体系的关键谬误：其以为规模能决定一切。可是，“规模大了，事物就会有根本不同”这种想法不过是不切实际的空想罢了。规模当然有其意义，但可能并没有多数人认为的那么大。

根据资本调整薪酬

并非所有金融业务活动都消耗同样水平的资本。因此根据不同业务的风险水平差别，以及为涵盖此类风险所需的资本量差异，其所追求的利润率和收益也会有所不同。

因此，我们可以认为，报酬并非根据毛利润，而是根据经过调整的，可反映此类风险及其所消耗资产净值的收益来计算。这一原则具有普遍性，但具体实施仍要因行业而异。银行与金融机构在做此类计算时就有重要差异。由于其会对工资、奖金乃至年终奖的分配造成影响，因此需要加以规范化，而不是武断行事。

在金融危机期间关于薪酬的争议中所突显的问题是，现有体系是否会成为从业者甘冒更大风险的动机。理论上，更高的风险会带来更高的收益，以覆盖相关资产的附加风险。但如果奖金分红仅仅基于收益而未考虑各个风险水平的资本需求，那操盘手就会倾向于累积更多的高风险资产，因为这样一来他的奖金也就水涨船高。

而除银行以外，监管部门还必须对整个金融领域内不同资产类别的风险加以权衡，否则就会造成扭曲。操盘手会因此跳槽去那些在风险管理方面更加宽松，但可能也是监管最薄弱的公司。

简而言之，风险承担的逐步扩大会出现螺旋状扭曲，导致股东无法获得其资本的合理回报；而更重要的一点是，这样会使系统性风险毫无必要地增加。

金融稳定委员会（FSB）已着手开始此项权衡工作，并给出了相应建议。这一委员会的行动遵照20国集团（G20）的指示，但貌似各国政府对此并未一致认可。根据国际金融协会的建议，许多银行以风险权重比例为导向，对自己的薪酬体系进行了复审。但在2010年，高盛和其他美国公司的奖金分红总额却达到了极其离谱的1350亿美元，甚至超过了2007年水平。

在被称为“央行的央行”的国际清算银行内部所设立的巴塞尔委员会的努力下，新的资本比率，即我们所知的“巴塞尔协议III”已经出台。对此各家银行可以说使尽了浑身解数来阻挠其实施。因为这一比率会对其大部分投机活动造成负面影响。但它们的做法其实大错特错。要知道，人们之所以对银行抱有信心，恰恰就是基于高风险与高资本相匹配的明确认知。这些银行的做法只会适得其反。

依据这一规定，薪酬问题必须由董事会的薪酬委员会和风险委员会进行复审：如果他们不坚决执行这一制度，那就是对广大股东的渎职。这是他们必须履行的义务。如果他们未能恪尽职守，股东就有权让他们对此承担责任。因为这本就是他们监管风险职责的一部分。

欧洲委员会在2010年6月28日的倡议中犯下了一个错误：他们只是把批评矛头指向了奖金，但后者不过是薪酬的一种形式而已。其最近对奖金的决策令人遗憾，其结果是固定薪酬的提高，而金融机构却愈加脆弱。须纳入规范框架的应是总体薪酬，而不是某个部分。欧洲人显然忘了著名法国作家巴尔扎克在 1832 年的那句名言："通往地狱之路常由善意铺就。"

投资银行的转型之路

自从 1929 年的经济危机以来，在许多国家涌现出了一类新的银行。它们在美国被称为"投资银行"，在法国则称为"业务银行"，英国称为"商人银行"，日本则称为"证券公司"。催生这些银行的，正是大崩盘后出台的监管改革。根据规定，商业银行不得涉足资本市场活动，对这一原则的违背正是银行业在 1929 年出现崩溃局面的原因所在。

然而，英国的商人银行逐渐被兼并收购，以至于在伦敦已不存在较大规模的独立商人银行。汉布罗斯银行、巴林银行、华宝银行以及施罗德银行，这些曾是业界标志的名字早已是过去式，成为伦敦金融城计划不周的"金融大改革"的牺牲品。在美国，自 2008 年以来，随着贝尔斯登出售给摩根大通、美林出售给美国银行，加上雷曼兄弟的破产，此类银行数量也已锐减。

在欧洲大陆，商业银行并不被禁止参与资本市场运营。其所选择的模式是全能银行。今天，欧洲大型银行仍能兼营投资银行和商业银行两方面业务。不过，其企业与投资银行业务正日益成为自治实体，但仍隶属于存款吸收银行。

在日本，也建立了参与资本市场的证券公司（野村证券、大和证券等）和商业银行相分离的制度。直到前不久，资本市场交易仍由证券公司所垄断。但现在这一制度已被废除。所有主要的日本银行均已建立了投资银行业务。但野村和大和在投资银行领域仍占有支配地位。

中国的投资银行仍未有明确定义。某些交易活动仍由商业银行运营；证券业务则一般由专门机构，即券商来进行。如最近刚在香港上市的中国国际金融公司这样的机构。2015 年中股市危机中突显出的一个问题是，是否应允许券商对其客户的证券账户进行过度杠杆操作，这种操作造成了强烈的市场效应，1 个月内便令投资人损失 3 万亿美元。

提到投资银行，不仅要考虑纯粹的投资银行，也要加上那些包含在商业银行内的投行。当我们不得不对其业务的规章加以审核时，会发现这种区分至关重要。

不过，相对于巨大的交易规模，市场已暴露出投资银行金融发展水平的不足。其通常采取富人的合伙企业形式，所以难以募集额外资产。也因此，这些投行纷纷转变为上市公司。但正是从上市之时起，它们开始了令人瞠目的薪酬发放。

高盛的“金童玉女”们

高盛集团（Goldman Sachs）有着 80 年的悠久历史，声誉素著，号称投行界的劳斯莱斯，不过这一切仅在一年时间里就被彻底颠覆了。如今，高盛俨然已成为华尔街荒淫无度的象征，其公众印象简直惨不忍睹。而这一切多半要归咎于高盛自己的专横与傲慢。2009年，高盛公布的奖金分红高达230亿美元，并由此引发轩然大波。最终其迫于舆论压力而将奖金减至170亿美元。而且，由于在奖金问题上对自己的错误决定死不承认，高盛因此失去了人们对它的尊重和信任，而这曾是它最大的优势之一。更令人愤慨的是，这笔奖金数额与高盛几个月前刚从美国财政部获得的纾困救助恰好相当，也就是说救助金刚进高盛口袋就被用来发放更高的报酬了。如今，客户终于认清了高盛的嘴脸：它首先考虑的永远是自己，而不是客户的利益。

若论及在员工薪酬方面最为慷慨的投行，无疑非高盛莫属。其工资标准与直接竞争对手相比高出近50%。除了公司发放的奖金和工资，高盛还想尽办法为他的合伙人增添生财之道，比如在合伙人的基金中投资，而基金本身则借银行家之手瞒报投资收入。高盛的一名前合伙人兼观察者古斯塔夫·莱维在1970年说过："高盛从根本来看就是长期的贪婪。"不过随着公司从根本上转为交易导向，加之交易员权力日益膨胀，"长期的贪婪"恐怕越来越短期化了。

应当承认，虽然高盛此前也饱受批评，但实际上多数批评是出于对其成功的嫉妒，而成千上万的MBA则仍旧以有朝一日能加入高盛为自己的梦想。高盛仍然是华尔街银行中的佼佼者。不过它这次显然走得太远了。令几乎所有人都大跌眼镜的是，高盛的管理层在做出把刚从美国政府那儿得到的救助金直接用来大发奖金这种冒天下之大不韪的举动后，居然丝毫没意识到自己行为有何不妥。要知道美国当时还陷于经济衰退和失业危机之中呢!

2011 年，高盛的薪酬状况依旧令人不可理喻：虽然公司利润直降 52%，其 CEO 劳埃德 · 布兰克芬的基本工资却涨了不止 3 倍，达到了 200 万美元每月；其他 3 名高管也是不遑多让。至于分配的奖金，则好歹降低 14%，但仍高达 150 亿美元。这就是所谓的精英管理吗?

围绕美国国际集团（AIG）的破产一案，也是争议颇多。AIG 是美国最大的保险公司，而高盛是其主要银行顾问。AIG 的破产救助过程中，高盛因对金融资产风险的套期保值（与保险无关）获得了 129 亿美元理赔。这笔赔款由来自美国政府的资金即刻支付，经手人正是高盛前 CEO，救助 AIG 时担任财政部长的汉克 · 保尔森。若非这笔理赔金，高盛本不能从 AIG 的破产中幸免，更难以在危机中独善其身。令人不能释怀之处在于，这些索赔是以其“票面价格”赎回的，这虽完全合法，但当时实际市场价格已经跌到了这一票面价的一个零头。而美林、法国兴业银行、德意志银行等这笔救助资金的其他主要受益方的情况也是如出一辙。

高盛行径的可恶之处，就是视自己的权利为理所应当，却对其相应的责任，尤其是社会责任置若罔闻。在 2010 年复活节周末公开的一次访谈中，高盛的领导人还声称自己并没有做错什么。这种死不悔改的做法也使得高盛获得公众谅解的最后一丝可能也完全破灭。要知道，政府等于救了高盛两次，一次直接援助，一次通过 AIG。若非如此，高盛今天也难逃破产下场。执迷不悟至此，真是无以复加。

在一次伦敦《泰晤士报》的访谈中，劳埃德·布莱克芬言者无心，竟称高盛做的是“上帝的工作”。即使是一个小交易员，也需要获得他人的尊重才能保住饭碗；而高盛在以自己的出格言行将这份尊重损失殆尽后，又意欲何为？

而且，在高盛内部，还有不少知名政要，他们之中有些人曾为其工作，有些目前仍在公司内担任职务。杰拉德·科里根，纽约联储前任主席，近期参加了一个委员会，重新定义那些已被视为“许愿清单”的最佳范例。马里奥·德拉吉，金融稳定委员会的执掌者，曾是高盛国际副总裁，目前担任意大利央行行长。最近，他因为涉嫌借由高盛帮助，在掉期交易中隐瞒希腊政府债务“或其他对意大利债务的不当行为”，而不得不出面为自己辩护。马里奥·蒙蒂，著名经济学家和意大利前财政部长，如今仍在高盛国际履职。彼得·萨瑟兰，爱尔兰政治家和前欧盟委员会委员，如今是高盛欧洲的主席。他在 2009 年前还同时兼任英国石油公司主席。这些官员中，无一人对此类敏感话题发表任何意见。对此我们只有希望他们对目前已采取和将采取的监管措施发挥了一些实际的影响力。

我们没理由厌恶高盛更胜于其他金融机构。而高盛的问题之所以成为众矢之的，主要是因其表里不一的做法，即表面上假装明白自己的行为所造成的社会政治影响，可实际上却愈发变本加厉不知收敛。对此，人们的失望之情溢于言表。不过也必须承认，许多高盛的高管也曾一度放弃他们丰厚的薪酬，而接受政府的公共服务职位，并创造出被戏称为“高盛政府”的存在。

要高盛躬身自省并承认错误，大概是难于登天。从高盛近期言论来看，貌似也并无此意，面对自己遭到的指控，仍秉持一概否认的死硬态度。在其最近的声明中，并未流露出哪怕一丝悔改之意，甚至连认错的意思都没有。

高盛的领导人深信，是他们的成功遭致了别人的嫉妒和仇恨，而他们只需静待风暴过去，一切平息即可。这是事实吗？以这些人的聪明才智，要说他们对发生的一切一无所知实在令人难以想象；他们只是很清醒地选择了低调行事而已。看看这家“体面的”机构对其高管所做出的指示吧：不要谈论报酬、穿着保守一些，避免暴露财富。一句话：不要炫富，否则就要招来更多批评。这简直就是不打自招了。

正如约翰·塔瓦科尼，一家以他自己名字命名的结构化产品公司的领导人所指出：“高盛试图让我们相信，它并不比自己的竞争对手有更多的独家信息，并宣称他们是‘最好的风险管理者’。”高盛不能指望鱼与熊掌都能兼得。

短期与长期之辩

现金分红制度的一大缺陷无疑是时间范围的下定。对短期收益的偏好会对企业的长期稳定性构成威胁，能证明这一点的例子可谓不胜枚举。

按照惯例，如果某人表现异常出色，便可获得一份特别奖金。这还算无可厚非，可“并购奖金”之类就令人费解了。所谓并购奖金，是指完成并购的公司 CEO 通常可以在当年得到一大笔奖金，作为对其成绩的褒奖。但这种做法其实既有失妥当，也毫无意义，原因有二。首先，其造成了企业重并购而轻自然成长的偏好。其次，有些企业领导甚至一年来上数次“大并购”，而根本不考虑之后的具体整合情况。

这一做法造成的扭曲现象非常严重。法国国王路易十五说过：“我死后，管他洪水滔天。”结果他的继任者路易十六真就被送上了断头台。同样，公司的 CEO 可能会为了自己的利益而进行公司竞价过高或实际并无必要的并购。这种事确有发生过。由于奖金是在并购当年发放的，CEO 也就无须担心其后续整合成功与否，只要在这些错误逐渐暴露前拍屁股跑路就万事大吉了。这种体制必须加以改变。最好将奖金分成数年份，并根据并购结果好坏来酌情分批发放，而不是好像中大奖一样一次发清。

而在短期手段中最糟糕的恐怕要数“黄金降落伞”保障制度[①]了。这样一来，高管进入公司前就已心知肚明，不管自己表现如何，在离开公司时都可以得到“黄金降落伞”的保护。还有什么比这更不合情理的吗？这简直就是在鼓励不负责任的行为，并让管理者的绩效与公司业绩完全脱钩。

唯一尚可接受的做法是给予离职管理人员一笔不超过 1 年薪酬数额的解雇补偿金，以确保其顺利找到新工作。毕竟，对领导

---

① 指作为企业高管，在失去原工作后，公司需从经济上给予其丰厚保障的规定。

者的薪酬很大程度上是以其每一年的业绩为衡量标准的。排除因严重不当行为导致的解雇以外，对于合同期满后的离职人员，就应该直接禁止发给其超过 1 年工资的补偿金。不过我的这一建议目前看来还是痴人说梦。

至于年终奖，所依据的依旧是业务的短期成果。高管们可以很方便地通过操纵交易使其“当前年度”佣金奖励最大化，而不是花数年时间细水长流。这种以牺牲长期盈利能力为代价来获取大量奖金的做法简直就是涸泽而渔。其所导致的是高管们对金融资产质量漠不关心的态度。

最后一个问题是奖金的现金支付。为避免交易员和公司高管变得像雇佣兵一样唯利是图，针对这一问题目前有一种积极的改变，就是不再以现金支付奖金，而是以股份或其他需要进行多年授予的资产形式取而代之。这样一来，交易员就会更加在意企业的长期盈利而不是每天盯着自己的账户损益。欧洲正试图在欧盟 27 国内部确立这一举措，若真能如此，可以说是席卷金融业的一场革命。

天价薪酬引发的怒火

尽管上述几点都很重要，但如果金融服务业不解决其薪酬制度严重超规格的问题，那就仍无法恢复人们对它的信任。

为什么一名交易员的工资比有着 30 年从业经验的一流脑外科医生还要高？至于金融高管们的薪酬，无论从整体，还是从各个层面衡量，相比其他行业都大幅领先（除了那些体育和影视明星），其中理由又是什么？为什么工程师和科学家所得反而比金融家少？他们的贡献难道比后者少吗？

除非金融高管们能回答上述“拷问”，否则就始终会被人怀疑“动机不纯”。这种质疑的目光已开始严重影响金融业人士与公众乃至他们企业客户间的关系。至于消费者和小企业，从中学到的一点就是：谁要想压榨他们，准不是好人。

我们是否能通过健全的企业经营决策来遏制这种无度索取？既然在这场争论中，我们没法指望社会和道德规范能帮上什么忙，那至少就从企业可持续性的角度来看待这个问题吧。

CHAPTER 3

让董事会真正负起责任

CHAPTER 3
让董事会真正负起责任

董事会在危机中并未能保护他们本应代表的股东利益。可他们却不会为此受到任何惩罚。

这可说是现代资本主义的一大悖论在金融机构中的具现。当然，它们也不是这一制度中唯一出问题的，相同的情况也发生在安然、英国石油以及许多其他企业身上。而若要究其原因，就在于这些企业忘却了资本的根本原则：所谓资本，是对企业的信托。在资本之中，蕴含着信任的主张。

这一点是公司民主和市场经济得以实现的关键。原则上，董事会负责对管理团队做出的决定进行审核，以检验其是否充分符合股东的利益。其职责还包括对薪酬的监督，对财务报表的审核。简而言之，就是维持企业诚信。因这份受托责任，他们也被赋予了在社会、政治、策略和经济事务方面为管理层提供咨询的职责。

董事会的独立成员在此次危机中扮演了什么角色？相关规定要求上市公司董事会中独立董事须占多数，且特定委员会仅可由独立董事组成。这些措施表明，股东利益和公司管理层利益其实是彼此对立，而不是皆大欢喜的。这不是说董事会一定会反对管理层，但谁来掌控而谁受掌控的问题必须明确。然而这一领域的现实状况往往是董事会屈从于管理层。许多金融公司的董事描绘出的场景就是，他们满足于管理层提供的技术信息并对管理层的行为听之任之。

但达成共识并不是万事大吉。当公司与股东发生争执时，董事会是居中调解人。或者更精确地说，调解人应是董事会成员。基于董事会在公司决策链中所发挥的作用，其对公司的失策也负有重大责任。鉴于董事会如今的糟糕表现，除非进行彻底改革，否则股东不应将捍卫自身利益的问题寄希望于董事会。

在此需要对一些混淆之处加以澄清：公司董事的首要责任是一种信托责任，目的是确保管理层的建议、风险管理以及企业的发展与策略是有利于公司整体的。

即使其所代表的是某个特定股东，董事也不能仅根据该股东的利益发号施令。但当政府也位列公司股东时，这一原则就常被抛之脑后；事关公司利益时，政治安排往往得到优先考虑。监管部门负责实施援助，但它们往往也无力干涉自身政府的行为。

但是，如果董事们能够恪尽职守，而不是尸位素餐，投资者的信心还是能够得到鼓舞的。可惜在金融危机爆发前的数年时间里，多数董事会并未尽到自己的信托责任。

任人唯亲的董事选拔

董事会面临的最棘手问题之一就是通过股东大会选拔董事。这实在不算是一种政治意义上的公正选举。

首先，候选人通常由现有董事提名：因此这实际上是一种补选候选人制度。其使得现有董事会成员能够对候选人进行筛选。这种“举贤不避亲”式的补选方式，让人们不由得怀疑：这些候选人之所以入选，究竟是因为其能够代表股东和其他利益相关者的利益呢，还是因为他们是一个互相举荐的“团伙”中的一员？

在这一领域，美国正试图更改相关规定，给予股权达到一定百分比的股东提名一个或多个候选人的权利。此举能奏效吗？

要解决这个问题可不简单。当前状况是，由于对共同基金及其他机构投资者投票权的限制，董事的选拔可以说与股东代表已无关系，后者只能被动批准董事会成员的选择。因此最初步的改革应该允许 10% 的董事可直接选举而无须董事会的指派。这将有助于提升选举过程并促进其多样化。

另一项应进行的改革是，如果得到了至少 10% 资本量的股东的支持，就可以成为董事候选人。2010 年，花旗集团董事会建议其股东拒绝这一项改革措施，该项改革措施将提名董事所需的股权百分比从 20% 降至 10%。

对个人接受外部委任的总数加以限制也是有必要的：董事会要增加活跃度，就不能有身兼数任的情况。如果某个 CEO 在公司外任董事数量超过 3 个，他实际上就无法履行自身责任。令人感到尤为惊讶的是，在许多国家，一些“大领导”竟然身兼10个以上的董事委任，自己还管理企业。他们显然是把董事会和联谊会搞混了。

当公司聘请一名董事，其通常是在寻求他的“名声”。那些专门从事招聘董事的公司责任重大，但它们客户的话语权太大了。因此，它们在这一领域基本难有作为。董事会对猎头公司的限定是极为严格的。

但这并不能使这些公司的管理顾问们免责。他们通常极其缺乏创造力，所作所为与其说是挑选人才，不如说是随波逐流。他们很少做真正的检索，每次的结果也总是那几个老面孔。“提名委员会”是否有足够的独立性，使其可以拒绝那些表现不够专业的候选人，并确保候选人保持独立并愿意接受相应的职位、时间安排和待遇呢？

CEO是否应兼任董事长？

对于大规模上市公司的情况，有关德国和英国模式的争论始终困扰着我们，这一模式不允许同一人员兼任董事长和CEO。事实上，一个人如果身兼二职，又如何在同时确保董事会的职能独立和公司的日常运营管理呢？

英国最近实行了改革，规定董事长必须与CEO分开。其还进一步规定，现任董事长不可以是前首席执行官。这就是为何英国石油公司的董事长要让瑞典电信公司爱立信的前领导担任的原因。

而法国的“PDG”（董事长兼总经理）职位和美国人对董事长兼 CEO 这种任命的偏爱源于以下两点。首先，就是绝对权力的诱惑：在这场争辩中，大家并不怎么掩饰个人大权独揽的野心。不可否认的是，这种领导权的独占会让管理更为简单，但这是否就足矣了呢？荷兰皇家壳牌和雀巢公司的相关问题已成为坊间热议的话题，可这些都不是什么成功范例。虽然欧洲人对这些话题不是很热情，但金融危机令人们用新的角度去审视这个问题。

在美国，许多登上报纸头条报道的事件中，我们都能看到那些在很大程度上被视为企业倒闭罪魁祸首的标志性领导人的照片。雷曼兄弟的理查德·福尔德，花旗集团的桑迪·韦尔，AIG 的汉克·格林伯格，以及美林证券的斯坦利·奥尼尔，而他们都是董事长兼 CEO。令人倍感难堪的“巧合”就是，这四个大型机构都爆出重大问题。

CEO 一旦兼任董事长，就得到了遴选董事的绝对权力，特别在其“不是 CEO 的朋友”的情况下。对 CEO 而言，如果有一个董事长能够为其分担管理董事会和代表股东的重责，并在必要时为其出谋划策，是更为健全合理的做法。而且，如果发生争执，对于已无制衡对手的董事长兼 CEO，几乎不可能迫使其辞职。

而令人困扰的是，这个问题却愚蠢地被当作个人自负问题看待。很少有 CEO 对此公开表示反对，但一旦涉及他们自身，他们就会倾向于捍卫自己的利益，而不是公司的管理与声誉。这理应是一个授权的问题。

2013 年摩根大通的杰米 · 戴蒙在已身陷一系列诈骗指控和丑闻之中时，仍坚持担任董事长兼 CEO。此事对公众舆论和股东有着极为恶劣的影响。而他居然还成功留任了。

2015 年，美国银行的董事长兼 CEO 布莱恩 · 莫伊尼汗想要保留他的双重职位，而超过 40% 的股东投票反对他的这种想法。

在华尔街，这种傲慢自负的做法并未减少，而美国远非有此情况的唯一国家。在各方为此的争斗之中，输家始终是股东，公司也输掉了自己的声誉。

董事会的不透明度

董事会决议的透明度应该如何？在危机或丑闻之中，我们所看到的情景常常令我们平添困惑。董事长一职，对于在保密性和透明度之间保持适当平衡是至关重要的。有趣的是，在英国石油的例子中，董事长却几乎未参与争论，好像一个局外人。于是董事会也就失声了。

希望董事会将诸事公开当然不现实。这样一来，董事会里也就不可能进行开诚布公的严肃讨论了。对一些棘手决策的讨论不应公开，但所作的决定本身是需要公开的。然而，对股东的汇报实在太有限了。

全球范围内董事责任的最新演变，使得他们确信董事会内的议事不会招致批评，更不用说法律诉讼了。矛盾的是，就责任方面而言，企业治理的演变反而使董事们趋于自我防卫，并最终导致了董事会不透明度的增加。

这一新情况应留给董事们自己应对。他们该为自己赢得信誉。董事会不应成为事事保密，直到危机发生才引来曝光的“黑盒子”。相反，董事应该成为公司与股东间的信使。

将独立性、胜任性和多样性相结合

胜任的管理者，或是独立的董事，哪一个更重要？

2009 年底，在纽约举行了一次由美国公司董事联合会（NACD）组织的座谈会，会上主流权威所主张的观点是，独立性可能并不那么重要。《纽约时报》的记者，也是关于金融危机的最佳畅销书之一《大而不倒》（*Too big to fail*）的作者安德鲁 · 罗斯 · 索尔金试图加以反驳，但以失败告终。最终座谈会得出的结论是，董事会无可指责。对众多与会者而言，这一结论简直堪称荒唐。NACD 已经沦为了庇护董事的偏袒者了吗？

无论对“独立”的定义为何，都要面对如下问题：董事如与主要股东或管理层意见不一致，会意味着什么？我在 2009 年分别辞去了欧洲富通控股和美国 Caraco 制药的董事职位，原因无非以上两点。这些经历可让我确信，权力均势的天平基本上已向管理层及其“同盟”倾斜。既然负责监督安然业务的律师都可以在其董事会中任职并报酬丰厚，我们就知道自己身处何种窘境了。在同一人身上，必须同时具备胜任性和独立性。这意味着胜任性的界定不应过于狭隘。

要求金融机构董事会的组成中 1/3 的成员须为金融专业人士，这难道不够荒唐吗？董事的职责之一就是在他对做出决定所需因素尚不确定时勇于发问。但说起来简单做起来难。我们的所作所为，几乎都是在打击这种好奇心。对出于好奇的发问，客气的说法是不良倾向，往严重了说简直就是“大不敬之罪”。

于是金融机构董事会便玩忽职守，尸位素餐，等到大难临头才如梦方醒。尽管如此，就我所知竟没有独立董事因此辞职。自危机爆发迄今，其多数成员甚至重新当选了。只能说当前体制已经环环相扣，官官相护。这也说明了许多情况下，为何维权股东的行为会如此激进：有时只有激进行为才是对那些违背股东利益的行为的唯一纠正机制。整个体制都不鼓励董事负起责任。

这种体制弊病所侵蚀的，远不止金融机构一家。毫不夸张地说，其是资本主义体制生出的腐烂坏疽：身为董事，却不能恰当地代表作为资本提供者的股东；且董事自己首先就无意“为难”管理层，沟通水平更令人不敢恭维。公司既然可以花大价钱来改善 CEO 的形象和沟通方式，那为什么不让各位董事和董事长也好好学习沟通技巧呢？

对这一问题，董事会绝对不该置若罔闻。而对董事会效率的报告也应将这一问题纳入其中。

获得真正的掌控力

董事会的监督职能毫无疑问是充满困难的。但是，这却是所有商业法规的关键所在。要让美国的董事会变得闭目塞听很简单，只需向其递交一堆长达上百页，内容晦涩如同天书的文件就可以了。要知道信息太多了也不是好事。

代表全球主要银行的国际金融协会希望董事会能够在风险控制方面发挥更大作用，而这就可能会要求对董事会进行改组。其提出了“风险治理”一词。我们不妨对事态进展加以关注，看看这一堪称英明的建议是否能够有效贯彻，想来这也颇为有趣。

要让董事会的控制职能切实实行，就需要其对内部和外部信息均兼收并蓄。通常情况下，董事会所需做的就是了解重大信息，而不是纠缠于细枝末节。董事会成员也必须与管理人员定期沟通接触，而不必让CEO全权代表。

不幸的是，相关治理能力改革被律师所把持，后者通常将注意力集中在合规性上。这当然有必要，但并不足够。在某些领域，董事会通常可保留专家顾问的服务，这些专家的责任可涵盖多方面。可以给他们分派多种任务，从专注于更棘手问题，到为战略决策出谋划策，不一而足。这样甚至可以少花律师费，并提高成本效益。目前为止，董事会的治理仍是一个失败范例。

最为严峻的工作常由董事会名下委员会完成。这些委员会是董事会的分支，有其明确具体的职能（如风险管理、审计、薪酬、任命、治理等）。而且委员会基本由独立董事组成。不幸的是，多数情况下，相关委员会主席仅对委员会的调查结果做一个总结报告，而对是非功过（而不是具体细节）的讨论本应在全体董事会举行。这种将任务委任给董事委员会的倾向，即使有其实际原因，也不能成为剥夺其他董事在相关问题上权力的手段。

传统上，欧洲和亚洲的董事会无法分出足够的时间来有效实施这些职能。不过情况在慢慢改变。担任董事职位所需要的时间已大幅增加。担任董事会成员，包括参与重要委员会，应要求担任者一年抽出一个月来处理相关工作。而当我们对董事会的组成探究一番，会发现其中最为独立，最能胜任，能力最卓越的成员，往往没有时间来履行这一监管职能。

政府持股或对公治理的践踏

“照我说的做，不要照我做的做”，这大概是政府作为股东时表现的最佳注解。这即使不是双重标准，也差之不远矣。

政府通常并不知道如何介入公司管理。

政府习惯于大权独揽，因此它们并不乐见这个事实：在一家上市公司中，政府即使持有重大股权，也不能乾纲独断，而需要尊重其他股东的权利，不管后者占多数还是少数。它们按理更应以身作则，成为董事之中的楷模。

如果连政府都无法诚实可信地践行由自己颁布并由国会通过的治理规定，那又如何要求董事会作出改善呢？可事实情况是，政府往往对这些规定的好处大肆吹捧，却没打算自己去身体力行。

在本次金融危机中，一些滥用权力的行为并未得到有效惩罚。

政府以特殊情况为由的辩护有时并不算错。比如救助房利美和房地美的措施就属于无可避免，因其在 AIG 和信用合作体系中的作用过于关键。在富通银行一案中，我们也看到比利时政府是如何做的了。除此之外，还有法国对德克夏银行，荷兰对富通集团的救助，而冰岛、英国和意大利的所作所为也超出了它们自身治理规范的范畴。在部分国有化进程中，现有股东的全部权利与价值甚至完全被剥夺。

与之相反，美国政府成为公司股东后对薪酬制度进行了改革，从而避免了纾困资金直接从纳税人手中落入公司高管口袋而引发的道德危机。而且政府还更多起用独立董事来代表自己，避免让公务员直接参与董事会，因为后者成员多为判断方和当事方。这是一个进步。

现在的基本问题是，如何让已经习惯了发号施令和指手画脚的公共部门接受公司民主，并让这些部门以身作则。这才是改进公司治理的核心所在。

亚洲的公司治理通常缺乏透明度，规则模糊，且权责不明。这也是为何保守投资者对投资国有企业及财阀企业一直意兴阑珊的原因，在这些公司里，领导是老大，公司利益只能靠边站。

机构投资者的沉默

所谓机构投资者，是对盈利目标各不相同，投资期间也变化多端的一系列投资参与机构的总称。其中具有代表性的有共同基金，养老基金，对冲基金，保险公司，慈善、科学或医学基金会，以及由大学或各种教育及研究领域实体资金组成的捐款基金。这些机构多样性之丰富，彼此差异之大，使其几乎难以归为一个类别。

它们在危机进程中的缄默，其实是为了掩饰内心深深的不安，因为面对危机，这些机构并未尽到自己的责任。

它们是各个对冲基金、私募股权基金、结构化产品、股票和债券的持有者，规模或大或小。其力量若能相加会十分可观，足以确保整个行业不再重蹈危机覆辙。然而，它们却完全不曾参与到这场关于监管的争论中。

2010 年 3 月，加州公务员退休基金（CALPERS）在其选战中开辟了新的战线，即完善美国公司的治理标准。该基金试图要求其投资的 58 家公司放弃减少反对票的做法。不过这只是一个孤例。

为什么杰米 · 戴蒙能够重新当选摩根大通的董事长兼 CEO？同样获此优厚待遇的还有美国银行的布莱恩 · 莫伊尼汗。

另一方面，在英国，保诚集团亚洲分公司耗资 330 亿美元收购 AIG 亚洲的战略举措受阻，引发激烈争议。这一决定是迫于大型机构投资者的压力。那么，美国政府作为目前 AIG 的最大股东，在这一事件中扮演了什么角色呢？

养老基金的管理问题

美国的养老基金是该国最大的储蓄资源，欧洲养老金也正逐渐向此规模靠拢。单在美国，就有20万亿美元资产归属养老基金管理，令其他机构羡慕不已。不过养老金本身的性质决定了它的极度重要性。基金管理者的职责是确保雇员和雇主对养老金的公款能够得到合理投资和增值，以确保领退休金者不会陷入困境，且基金可始终满足领退休金者的到期应付款需求。

2008—2009年股市崩盘时，此类基金最大的资产种类股票大幅缩水。这让许多管理公司陷入窘境，理论上其有责任增资以填补亏损漏洞，但实际上根本无法做到。许多公司本已面临申请破产。后来随着市值重新回升，先前损失有所弥补，才使它们有机会争取时间改善状况。

由于全球范围内养老金制度多由政府把持，但其程度各不相同，因此事实上基本不可能概括出什么一般经验。

能够登上报纸头条的也多是此类基金的投资。投资银行家们总是想怂恿养老基金投资更有利可图（风险也更大）的资产。不过，OECD对此的指导方针着重于“审慎原则”。然而多数情况下，这一原则貌似不过是一纸空文。我们也会对其在借出有价证券为大量卖空提供资金的过程中起到的作用加以审视。美联储对养老基金的投资十分了解，并加以定期发布。

在美国，养老基金的投票非常不透明，对此已有新规定要求它们公开其投票情况。此类公开可能促成一些改变，至少可以迫使基金在面对其受益人时，要为自己的决策理由加以解释。

作为股东的保险公司

试图将保险公司的角色描述为非机构投资者的做法并不成功。人寿保险公司从其定义来看便是长期投资者，因为保费为长期交付，直至被保险人死亡。这种后备资金对于大量投资于有表决权股份的寿险业务来说十分必要。因此，保险公司可以对业务的关键决策施加影响。

保险公司也有受托责任：被保险人通过多年保费的形式将资金委托给保险公司，其投资方式应使其可随时履行自身承保义务。保险公司在很大程度上是他人资金的管理者，其数额还十分巨大。因此，它们作为投资者的职能无可指责。作为股东，它们应该明确清晰地表达自己的意见。但如今实际情况却不尽如此。

保险公司行使职能的方式极为多变。在英国，它们可以任命或罢免大公司的 CEO，不过并非所有国家都如此，至少在美国肯定不行。不过，全球范围内多数重要保险公司都是大型金融集团的股东。在金融行业内，各公司间有时进行交叉持股投资。德意志银行是安联保险公司的主要股东，而后者也是德意志银行的大股东之一。在金融业，保险公司作为股东能发挥的作用可能弥足珍贵，因为它们具备金融领域的知识。AIG 的遭遇就是沉迷于公司股价的专制领导所造成恶果的一个典型例子，为求抬高股价，他可以不惜践踏规则，甚至还试图更改纽交所的规则，以使更多

AIG 股票由那些专门交易其股票的公司所持有。这位领导后来成了某项调查的重点对象，但最后也是不了了之。

担当责任

金融公司董事的任务并不轻松。相信他们一定兢兢业业尽职尽责的想法实在是过于一厢情愿了。事实上，在一些金融机构，正是这些董事核准认可了过高风险的投资。问题是他们真的意识到这些风险了吗？管理层是否向董事会提供了压力测试结果？对于资产负债表以外的风险，他们究竟知道多少？对于告知他们的信息，他们是否真正了解？

董事会的职责在于维持平衡：既不能对管理层的业务越俎代庖，但同时又不能对这些高官们放任自流。在许多情况下，董事会的组成过于同质化，无法在股东和管理层的目标之间构建彼此对立的态势。

早在 50 多年前，约翰 · 肯尼斯 · 加尔布雷思[①]便指出他所称的“技术专家阶层”缺乏相应制衡。到今天半个多世纪过去了，可情况仍未改变。

对于已经发生的一切，我们决不能漠然置之。每个大型金融机构的董事长和董事会成员们，都应该因其行为而接受质问，他们也必须扪心自问。

董事会必须对提交给它的数据进行有效分析，并对管理者的

① 美国经济学家，新制度学派领军人物。

展示提出自己的质疑。为此，除了胜任能力和独立性，还需要为董事营造相应环境，使其能够不吝展现出如今尚属稀有的美德：也就是敢于承担自身责任，并具备提问的勇气。

目前为止，他们还远未做到这一点。

CHAPTER 4

重整监管部门

CHAPTER 4
重整监管部门

每次金融危机的发生都是对监管体系缺陷的暴露。

这并非是说监管部门的失职造成了这一切，但是我们对监管体系普遍抱有的期望是其能够通过某种调控来预先规避危机，或至少也能使危机有所缓解。但事实上监管体系辜负了这种期望。对此，各种分析和建议所寻求的通常都是试图找出体系的缺陷，不管其是规则自身的问题，还是实施环节的纰漏。

2000 年，在美国对冲基金“长期资本管理公司”危机爆发后，白宫出台了一份报告，总结出为避免此类风险再现并危及整个金融系统而必须采取的四种措施。然而，这些措施就此束之高阁，从未落实。若非如此，我们也许本可避免此次危机的发生。

很难去判断监管的变化对下一次危机的积极效果：其是否得到更好的规划？是否能使危机得以规避？或者得益于防护措施而使其程度减轻？究其原因，是因为相关改革均假定危机会重现，且新的危机在性质上与先前的相同。然而，危机从不相同。

1929 年危机过后，美国政府曾声称，由于其实施了新的监管制度，金融体系的根本性危机将就此成为历史。在对投资银行和商业银行进行分离的80年后，即使是美国证券交易委员会对金融市场实施必要调控的能力，也无法抵御时间的缓慢腐蚀，以及新思潮的冲击。《格拉斯—斯蒂格尔法案》最终被废除。而就在数年后，金融世界再度崩塌。

不管监管制度如何变革，时间的无形之力最终都能够将其逐渐侵蚀，将人们的戒心消磨殆尽。并非只有金融如此，无论什么行业，何种改革，都会有此遭遇。旨在划分投资银行与商业银行业务的《格拉斯—斯蒂格尔法案》本身的演变，就是诠释这一规律的完美示例。如果我们不曾废止这一法案，还会有今天的危机吗？很可能不会。

回想当初，我们不禁要问，花旗集团和所罗门兄弟公司之间的合并为何会被批准？此例一开，《格拉斯—斯蒂格尔法案》便已名存实亡。而其他银行纷纷游说政府废止法案后，监管部门竟对此言听计从，也显示出这一案的反常之处。

有趣的是，如果政府拒绝批准花旗集团的这笔交易，花旗银行相比其危机后的惨状，是否经营状况会更好呢？也许会比其现在的状况更好吧。整个世界会不会变得更糟？可能不会。所以“进步”和“创新”有时未必是好事。

除了时间的自然侵蚀，金融机构也将特定保护措施和限制条件视为阻碍其谋取利益的绊脚石：它们无时无刻不试图说服政府，放松相关监管。看看布什政府所主张的自由主义观念，我们就能明白为什么在他任内会就削减此类防范措施达成一致了。然而，对相关制度的侵蚀其实在布什上台前早就开始了。

支离破碎的监管部门

对独裁权威支配金融体系的恐惧当然不能算杞人忧天。但如今真正未解的问题恰恰是这些监管机构的四分五裂。这才是当下监管所面临的最棘手挑战。

国际清算银行曾在2000年到来前几个月，于总部巴塞尔召集了各国金融机构主管，以讨论当时尚未解决的“千年虫”问题可能导致的风险。一名瑞士银行家称，他的银行已被全球127个监管部门进行了这样那样的各种监督。每个部门都要求就瑞士银行所采取的风险规避措施进行报告。当然，每个报告的格式都不一样。面对如此泛滥的监管，银行只能先照顾那些认为有必要优先应对的监管部门；至于其他的，就给一份报告复印件了事。

这一例子让我们不禁要问，如何协调和精简这些彼此孤立的监管部门？显然，它们的做法也是为了提升自身能力。但极少有人关注它们的行为对其他监管部门或有近似职能的司法部门有何影响。

试图组织机构间委员会以确保最低限度协调性的努力通常遭遇相同问题。政府机构并不情愿接受的是，要由会计而不是它们自己来充当领导，发号施令。在《多德—弗兰克法案》所创建的，旨在应对系统性风险的监管协调委员会中，这一危险也不曾消退。这一委员会由美国七大联邦机构组成，负责对金融界加以监管。为避免给予其中任何一个部门过多权力，该委员会将由美国财政部，也就是美国政府亲自领衔。这是金融监管最明确的联邦化进程。

欧洲监管部门的缺失

在欧元区，也就是接受欧元为流通货币的各国内，对银行业的监督已委托给了欧洲央行。

金融危机期间，欧洲各国的国家元首和政府首脑均大声疾呼欧洲对此进行干预。可实际上，他们的言辞却透着十足的虚伪。因为正是他们自己拒绝在全欧洲层面上将本国的金融调控与监管领域的权力移交出去。因此，对于欧洲既无相关机构也无对应资源来采取必要措施一事，他们其实早已心知肚明。

2010 年，欧洲实施了一套用于监管欧洲资本市场、保险及银行业的全新制度。2010 年 9 月成立的一家新机构旨在通过国家政府间协商来帮助制定共同政策。但其却并无法律权利。欧盟各成员国为这些机构的实际权力而彼此争论不休，耗时长达数月。

等到要将政策落实的时候，各国政府掌控下的监管机构并未就全欧洲层面的监管达成任何一致，只好不欢而散，各回各家。欧洲证券市场当局倒是有了更大的调控权力，但是却缺乏一个核心：使其规则确保实施的执行权利，这些执行权利仅停留在成员国层面。要管理欧盟这个不同国家拼凑而成的复杂实体确实不易。就在今年年底，欧洲所进行的干预已将某些国家逼到了濒临崩溃的边缘。

对此最明显的例子就是德国在2010年6月对对冲基金采取的措施了：就在欧盟煞费苦心地就对冲基金的一项新规定达成一致后几个小时，德国总理默克尔就宣布了德国自己在这一领域的措施。而这些措施与她在欧盟参与批准的并不一致。

尽管短期来看，在全欧洲层面将其金融机构监管统一化的尝试难有成果，但在对金融市场执法领域，欧洲实在不该继续踌躇不前。首先，在欧洲范围内并无可以发现诈骗、异常资本流动、洗钱以及其他各种形式的蓄意市场操纵行为的监督工具或机制。在欧洲进行内幕交易可以说毫不费力。对于欧盟各国市场的可疑活动虽有一般规定，却缺乏监察办法。而创立统一的欧洲干预力量目前还遥遥无期。

各监管机构的法定权力也是因国家而异。这也是为何美国不愿意与外国监管部门达成任何形式的相互认可的原因之一。这方面在近期依旧毫无进展。

在帕玛拉特破产案中，身为意大利监管部门的证券交易委员会明知账目被篡改。但在贝卢斯科尼政府治下，它们却选择熟视无睹，该政府以规避法规和与法院就舞弊案件纠缠不休而闻名。等到这些丑闻曝光，真正做出反应，立即将犯罪者投入监狱的还是司法部门。

在空中客车的所有者欧洲宇航防务集团（EADS）一案中，集团两大股东法国拉加代尔和德国戴姆勒在集团宣布A380延迟交货前大量抛售其股票。对此，法国监管部门AMF尽管已握有两家公司涉嫌内幕交易的确凿证据，却因为内部程序问题而未能进行起诉。此案中，尽管法国的市场监管部门并不能真正惩罚嫌犯，但它至少有勇气将案件交予法庭。可结果还是徒劳。

如果新的欧洲监管部门无权直接诉诸警察与司法行为，那它也就无法建立真正的公信力。美国证券交易委员会有权直接行动，请 FBI 介入实施抓捕而无须经由法院。这种介入行动有时甚至引发公众关注。而要在全欧洲范围达成最低限度的调控一致性，恐怕也得各国态度有明显转变才行。

随着欧洲银行业联盟逐渐成形，对保险公司的偿付能力监管标准 II 的实施，以及资本市场联盟项目的推进，欧洲有望逐渐走出全欧洲金融监管制度的迷局。要说其足以抵御下一次金融危机还为时过早，但也无疑是积极的进步。

与政界的关系

从那些不论成败，最后都由政府和国会出手相救的调控来看，政府显然完全有理由认为自己的政治责任就包括建立相应监管体系，以避免相同危机的再次发生。

他们的选民正因为危机而满腔怒火，而政要们自己的怒气也不遑多让。不过，也有一些政治家乐于见到危机给他们带来的好处，即增加他们抛头露面的机会，并给公众留下自己定会促成体制改变的好印象。但是两年后的今天，在召开了众多峰会，发表了无数声明后，我们却不得不面对一个明显不过的事实：目前的改变都只在国家层面。虽然相关提议仍在 2011 年 3 月巴黎 20 国峰会的议程之中，但我们已不指望其能有什么进展。

我们必须让政治家们负起自己的责任，“让恺撒的归恺撒管”。因为实施纾困措施救助金融界需要的是真正的政治勇气。无疑，目前的救助势在必行，没得选择，而其会加大许多国家的预算赤字。

在这一领域，责任是一回事，而有效的政策手段往往是另一回事。政府自然握有领导指挥权，但有时也会被意图让立法机构介入此事的国会拖后腿。政府和国会与监管部门和央行的相处并不好。

中国人民银行在 2015 年夏的危机中进行的干预对于恢复市场信心而言是必要的。其通过降息来缓解杠杆作用造成的压力。这反过来也导致人民币汇率平价小幅下滑。

央行是合格的监管者吗？

央行是金融活动中最为重要的参与者，不过其复杂性也堪称行业之最。央行身兼多重任务：实施货币政策，调控维持金融行业稳定性，为政府财政筹资，乃至促成国家的经济增长。它们在这最后一方面的能力最为大众所知。利率的变动会对货币政策带来巨大影响，其原理并不深奥：降息可以降低借款成本从而刺激经济；而加息的作用则与此相反。

之前，我们已经探究了央行为何没能预见危机的原因。简单起见，我们对其实施货币政策的职能暂不过问。那么，面对金融危机，央行的职能是什么？

央行受命可在此情形下实施干预，以防范金融危机的发生。其可获取大量相关情报，掌控成熟的计量经济学工具，而且各国央行间还能互通信息。

但其职责已超越了这些政策的范畴。在监管过程中，央行又该履行什么职责呢？

对市场监管部门和央行的拆分是必要的。但这种拆分也会造成市场发展监控方面的缺陷。将系统性风险肢解分离，对其的管理也各自为政，这种做法并不合理。

央行通常也会履行金融机构监管的部分职责。而不同监管部门间的窝里斗足以表明，一些部门已经丧失了自己的使命感。央行的职责是监控市场本身。在一些国家，它们也负责对银行体系的监管。央行是唯一对这些市场有实践经验，且在其中进行日常运作的部门。

央行，确切地说，是美联储，借助其公开市场政策，以及自身最后贷款人的职能，而成为资本市场的关键参与者。其“公开市场政策”权限对利率影响巨大，也因此，其政策总是能引发各方密切关注。

央行对系统流动性的智能化管理使其扮演着维护金融稳定性过程中至关重要且无可替代的角色。考虑到流动性危机，以及银行间彼此借款的可能性，央行需充分履行其“最后贷款人”职能，并承担那些自身也未必预见到的风险。此时，正因央行具有这样的应对能力，才能充当资本市场的“金匠”。[1]有此等专长资源，却不加运用，那才是荒谬。

美联储的职能因金融危机而得到了进一步强化，不过美国实施的新金融监管规定会对其加以更为密切的监管。欧洲方面，欧洲央行在一系列重大干预中发挥了领导作用，不过目前被欧元区各国政府解除了全部受托责任，其仍受成员国掌控。但欧洲央行在所有相关各方探讨中仍有举足轻重的地位。也正因其影响力不容小觑，所以尤其需要谨言慎行。

央行必须维持自治

为何最有成效的措施出自央行的原因正是因其独立性。不过，我更愿意用“自治性”而非“独立性”来对其加以描述。即使对央行行长的任命要受到政治多数派的影响，也不意味着央行行长及监管官员在制定政策时需要对党派政治唯命是从。其职责受政府当局的监督，但却是完整而不可分割的。正是恪守这一原则，才使央行得以在危机之中力挽狂澜。

各个监管部门与政府就其政治独立性问题而产生的冲突该如何解决，目前仍难以预判。《多德—弗兰克法案》重新界定了美国各监管部门的架构。但这只是一个大致架构，而老话说得好，魔鬼总在细节之中。

这一问题能否解决，不仅对恢复资本市场信心至关重要，而

---

① 金匠银行，是西方金融机构的鼻祖，信用货币的最初发行者和承兑者。

且也是金融业能否对投资者和大众重建自身诚信的关键所在。

如果说美国人相对较容易接受这种独立性的话，那欧洲大陆许多国家的政府就对此戒心重重了。它们需要明白的是，央行所实施的干预是基于控制通胀的严格货币政策原则，并为反周期措施提供支持，这也符合各国政府的利益。

如果围绕央行的争论并非政治冲突，其过程可能更加合理，结果也更有裨益。但这已牵涉到央行的另一职能，即政府筹资的问题。

在所有已实施现代央行制度的国家，央行都不能直接为自己国家的预算赤字提供资金。发生货币危机时，这种直接筹资的诱惑是巨大的。因此，有必要通过相关的财务纪律来避免央行职能遭到破坏。要让人们对金融重拾信心，重申这一独立性方针十分必要。

央行的职责是确保金融体系的正当性。如果政府不愿遵守这种职能的分配，那么它们最终将吞下失去国内与国际投资者信心的苦果。

大体来说，政府已将部分职责赋予了央行。对这一赋职所带来的影响加以分析，也是饶有趣味的。

保护投资者：完善信息发布

在 1929 年危机后，之所以创立市场监管部门，其目的就是保护投资者免受发行商和市场运营商滥用职权胡作非为之害。该职能包含了信息问讯、管理和处罚多个方面，这一事实本身就具有非同寻常的意义。

与大众的普遍认知相反，实际上审批证券招股说明的不是证券交易所，而是市场监管部门。但其在新证券发行过程中的关键作用远不止此：上市公司被要求在监管部门的管控下进行信息披露。而且，这些监管机构对确保这些信息符合相关法规负有权责。通过公开信息来保护投资者是维持市场透明度的必要之举，但还不够充分。

需知律师所擅长的就是撰写那些晦涩难懂真假莫辨的文件。当证券交易委员会要求公司公布那些投资股份的可能风险时，律师就会将这些“风险因素”大肆渲染一番，炮制一份冗长难懂的报告加以发布。所以，信息失真可以是信息不足或信息虚假，也同样可以是信息过量。而这最后一种情形通常最为普遍。这种信息过量看似让信息提供者无可指责，但对于缺乏分析技能的投资者而言，等于将信息完全无用化。

然而，为确保公司提供适当信息，对此是有着明确限制的。这些信息必须以来自公司的数据为基础，并有董事会和审计人员核准。这也是为何 2002 年发布的《萨班斯—奥克斯利法案》强制规定公司 CEO 和 CFO 必须对这些公开文件进行签署批准，从而有效提高其对这些文件内容的责任性的原因。如果公司提供了错误或虚假的信息，证券交易委员会和其他市场监管者不应被追究责任。

证券交易委员会的失职

在监管部门之中，市场管理机构在公众和媒体眼中扮演着更为可见，也更具政治内涵的角色。很少有人会对它们视而不见。因为它们在证券市场的监管中发挥着必不可少的作用。这些部门的历史可以直接追溯至1929年大萧条，正是这次萧条暴露出了对投资者利益保护的严重欠缺。

所有工业化国家都有一个特定的市场管理机构，以对资本市场的交易加以管控。所有欧洲国家（不过并非欧洲整体）和多数亚洲国家均是如此。在多数新兴资本市场也均已建立此类机构，其所执掌的可说是当地资本市场的批准章。

这些机构中，知名度最高且权力最大的要数美国证券交易委员会（SEC）了。从某种程度讲，它是所有市场管理机构的鼻祖，且直到最近都是全世界监管机构竞相效仿的模范。只可惜2007年到2009年所发生的一切让它一世英名尽毁。

SEC的职能在多个方面遭到蚕食：其对投资银行的行为堪称失察（尤其是对贝尔斯登和雷曼兄弟），而麦道夫丑闻事件更令其雪上加霜。目前其处境已有所好转，但危机前所享有的那些名望恐怕是一去不复返了。

要了解这一机构及其特殊职能，我们首先必须知道，在世界上多数国家，这一政府机构都是直接受政治掌控的。其中，最著名的特例要数英国的金融服务管理局（FSA），它也正逐渐变回一个政府机构。

这意味着，这些机构的领导权通常由当权的多数派政党所任命。美国 SEC 的 5 名委员中，3 名（包括主席）代表多数党，2 名代表少数党。作为一个深受政治影响的机构，SEC 在美国朝向放任自由政策的缓慢转型过程中起到了关键作用。

市场管理机构时常因为反应不够迅速或缺乏严谨性而遭受诟病。在这方面，SEC 通过法律诉讼途径处理问题，并可指派联邦调查局（FBI）执行搜查或逮捕。这一点与证券交易所之类的自律性组织迥然不同，后者对违规行为只能施以罚款，在遇到需要司法或警方介入的问题时需立即求助于市场管理机构。

虽然这种描述给人的印象好像这些监管机构是屈从于政治权力的走狗，但这一组织架构实际上赋予了其独立自主的行事能力。在 SEC 要求对冲基金登记的例子中，情况就是如此。将这一意图诉诸行动确实需要政治勇气，如果其得到落实，我们就能及时获得对冲基金在市场中所承担系统性风险相关的有价值信息。但对冲基金们显然并不这么看，它们的回应做法就是对 SEC 的要求进行上诉，最终华盛顿特区法院驳回了 SEC 的要求。我要说，无论做出判决的法官是谁，他都对本次金融危机负有重大责任。

在玛丽·沙皮诺担任主席期间，SEC 在 2010 年 4 月对高盛重拳出击，对其提出民事欺诈指控，此举有力震慑了各大金融机构。高盛为这场官司耗资百万，聘请众多律师，最终双方达成和解，“未承认或否认其责任”，高盛同意支付 5.5 亿美元的罚金。这是扭转形势的一案，通过此案，对大型金融机构采取果断行动的做法引来公众拍手称快，他们所选出的代表议员也表达了对这类行动的全力支持。世界将从此不同。

当下，我们需记住的是，当市场监管部门不得不实施制裁或重大举措时，虽然是受到政治干预的压力，但仍有自身灵活性和真正的独立性。过去如此，将来亦如此。政府机构的本性就是服从政府或国会。

对于 SEC，下一次考验就是其为具体实施 2010 年《多德—弗兰克法案》而制定的相关规章制度的质量与力度如何。对此的各种幕后游说和律师勾当已纷纷上演。如果 SEC 试图对这一法案的内涵加以淡化处理，这将会是它的再一次失职。

不过，随着央行在多数国家确立了自身金融权力中心的地位，SEC 的职能已被冲淡。

伯纳德 · 麦道夫的庞氏骗局

如今，我们已知道，麦道夫诈骗案的总金额高达 600 亿美元。

犯下如此罪行者，正是纳斯达克的前主席，纽约与佛罗里达精英阶层的一员。他因本次诈骗案被判处 100 年以上徒刑，如无意外将在高墙之内度过余生。关押他的牢房也颇为奢华，可这无法掩盖一个事实，就是他已经失去了身为人类最为重要的资产：自由。

相关监管部门在此案中的表现有辱使命，它们未能恪尽职守，而只是再三声称自己将进行“进一步调查”。对此，美国总检察长办公室的调查报告中写道："SEC 在这些年来已收到众多详尽投诉信息，并保证会进行深入全面的调查……然而除了组织过几次对情况的复核外，从未进行过此类调查。"我们还得知，SEC 内部并未有人因监管失职而遭到惩处，报告中也对此加以了谴责。那么谁应对此负责？是员工还是委员会？毫无疑问该是后者，可他们的责任是政治党派性的。这才是此案令人难以接受之处。

证券交易委员会的员工和全球其他监管机构的员工一样，收入微薄。因此很难指望他们去主动寻找疑点或线索。而且，也不要期待他们有勇气站出来指证什么，这与自杀无异，何况对象是麦道夫这样的"大人物"呢？要知道他的法律总顾问可是证交会执法部二号人物的侄女。尽管如此，SEC 的员工仍因其承担的义务而享有一种朴实的名望。

我们把实施可能造成极大政治和金融风险的重要决断的大权，托付给了那些我们吝于支付合理酬劳的人，却一厢情愿地相信他们会担此重任。这种错误的信任本身就是虚伪。尽管已有反常迹象，且不乏相关消息，但 SEC 从未仔细审核过麦道夫的账户。所谓虚伪，就是给予监管部门责任，却不赋予它们履行责任所需的资源。如今情况依然如此……

要进行监管部门改革，就必须对这些弊端进行毫不妥协地修正。如果某个机构未能规避因一个错误造成的数以十亿计的损失，没人会为此抗议。但国会是不会耗费数百万美元来驱逐那些白领罪犯的。

美国银行收购美林证券案

在美国银行收购美林证券的过程中，出现了一些蹊跷的行为。当美国银行做了这笔亏本买卖并最终发现美林财务困境之严重时，便将这笔失败业务归咎于美林未能将某些特定信息披露给其CEO 约翰 · 塞恩。美国银行曾寻求行使“重大不利变化”条款来撤销交易，但最终未遂。现在看来，显然是美国财政部和美联储对美国银行 CEO 肯尼斯 · 路易斯加以威逼利诱，促使其打消了诉诸该条款的念头；作为回报，两者给予了美国银行 200 亿美元的救助资金。

然而在交易“结束”前，还发生了更加荒诞的事。总计 36 亿美元在未经公开的情况下被作为奖金分发给了 700 名美林高管。要知道，美林证券可是有超过 10 万名员工。纽约州地方检察官马里奥 · 科莫要求美林给出此次奖金事件的受益人名单，而后者竟拒绝这样做。

SEC 不得不对这次未披露的分红进行处罚。不过其也做出了与此相反的陈述。SEC 开始仅对此次违反常理的事件课以 3600 万美元罚金，不过幸运的是法院及时出面，制止了这种从轻发落的行为。经协商后，罚金最终定为 1 亿美元。SEC 本该是股东利益的保护者，可却在法官面前为美国银行和美林求情。此举也让其自身诚信大打折扣。

如果能知晓奖金数额，美国银行的股东就可要求对损害股东利益的交易条款进行重新协商：这些股东在毫不知情的情况下被公然劫走了36亿美元！相比之下，罚金的数量简直荒唐可笑，且远远起不到威慑作用。而且，尽管法官要求证交会对涉案高管进行处罚，且SEC自2002年来就有此权力，但其却并不打算依法而为。

AIG的“内爆”

美国国际集团（AIG）的破产将带来极其严重的后果。但同时，这一问题已明显超出了严格的保险范畴。谁负责监管AIG？如果说应该是纽约州保险事务专员，那么此事已超出了他们的权限；如果说是SEC，那就是再度的失职。要知道导致AIG崩溃的并非其保险业务，而是占到其总资产40%，风险水平极高的纯粹金融业务。

如果AIG能够安分守己，专注于保险业务，那如今也不必花这么大代价对其进行救助了。事实上，在保险业范式中，债务作为资金来源只发挥边际性的职能。投保人的保费可为投资提供资金，且大体上新保费足以覆盖年其各项支出。这是AIG的评级何以为AAA的原因所在。可评级机构难道就对AIG的金融产品熟视无睹吗?

AIG发现，可以利用其AAA评级另辟生财之道：通过伦敦子公司为其他风险提供担保。其担保金数目巨大，且记录不全。AIG甚至同意发行了面额高达3000亿美元的信用衍生品，这已经超过了其本身的市值。所有这些合约承担款项占到其美国保险总公司合并资产的40%以上。投保人此时面对的是极其巨大且难以预测的风险，而保险监管部门对此却无可奈何。

金融危机逐渐形成时，对此类信用违约掉期（CDS）的需求不断增长，而AIG最终停止发行此类产品。显然，多数AIG高管对于此类风险的严重程度还缺乏认知。

与坊间传闻正相反，约瑟夫·卡萨诺[①]绝非什么金融天才。要真是如此，他早就该意识到高盛和德意志银行的诉求绝非单纯的“投机癖好”，而不是受到警告后才恍然大悟。他通过CDS对那些把赌注压在次级债担保的债务担保凭证（CDO）下跌的投资者进行了保险。而正是其中一名投资者的拜访使他意识到问题所在，并发现有此风险的未偿款项数目之庞大。

① 时任AIG金融产品部负责人。

CHAPTER 5

制约金融创新

CHAPTER 5

制约金融创新

如果事情好得令人难以置信，那很可能不是真的。

在探讨金融创新这一话题时去讨论如何对其加以制约多少有些自相矛盾。

但我们有必要面对现实。金融发展永无止境。创新者们不用花太大力气就能找到途径绕开任何形式的监管。他们借助的主要手段就是“金融创新”。

对于金融创新究竟给金融市场乃至全球经济带来了哪些利弊，我是有着充分认识的。不幸的是，在很多时候我总不禁要问，这是否真的是一种创新呢？谁是其首要受益人？除了让金融家们腰包更鼓，这些所谓创新真的实现了其宣称的附加价值吗？

金融领域的复杂性，常导致管理层和董事会在批准极为重要的交易时，却对这些交易的性质和风险十分懵懂。那些重大监管部门的情况也是如出一辙。

管理部门在弄清楚这些金融创新的来龙去脉（而不只是其盈亏结果）前，不应该对这些通常由数学博士们凭空构建出来的创新设计大开绿灯。如果没有有力的风险控制体系，就根本不该采纳此类创新。要证明这些创新的正当性，难道不应有比金融机构盈利率更重要的价值标准吗？

并没有什么金融方法会复杂到无法对其涉及范围、风险与机遇进行通俗易懂说明的程度。许多复杂不透明的方法并不见得多有新意，只是在故弄玄虚而已。因此，我们有必要开阔自身眼界的同时，责成创新者用一种只要你在金融领域有一定经验就可以理解的方式来解释他们的创新方法。通过这种方法，我们才能不时发现这些创新中隐藏的新风险、会计违规、税收问题乃至其他陷阱。

金融衍生品堪比大规模杀伤性武器？

沃伦·巴菲特将金融衍生产品比作“大规模金融杀伤性武器”。但这并未阻止华尔街从金融衍生品投资中大有斩获，仅2010年一年金融衍生产品投资额估计就达到60万亿美元。正如其名所指出，衍生产品是以现有资产与负债为基础衍生而来的。

如果某名投资组合经理想对其证券投资组合的风险进行投保，那么只有衍生产品交易速度更快且与套期保值风险关系更直接时，对其的使用才有意义。选择权限取决于具体的可用技术和投资组合经理的目标。最终，这些技术则需依赖于其所涉及市场的流动性。回到本质，其实每种产品提供的都是相同的服务，只是服从不同的规则。

金融衍生产品并没有什么好坏，它们只不过是一种风险管理手段而已。如果市场没有变成一个基本靠债务维持的巨大泡沫，那么自然大家都好，风险管理工具也不会差到哪儿去。而这恰恰是疏忽产生之处。虽然用衍生产品来进行资产或负债的风险管理合情合理，但若无此类动机而仅将其作为投机性工具运用，那就很成问题了。

是信用违约掉期，还是超级降落伞?

在 20 世纪最为刺激的一系列金融创新中，信用违约掉期（CDS）可谓独占鳌头：摩根大通是 CDS 的创始者，也是其最大的交易和发行方。在伦敦，法国兴业银行和巴黎银行则在 AIG 崩盘后主宰了这一市场。

产品的原理其实很简单。银行发放贷款或购买债券后，如果对其风险感到不安，就可以寻求通过信用互换的方式进行投保。债券持有人或债权人将其债券发行人破产的风险交换给合约对方，并对其支付年费，由后者承担借款人违约的风险。CDS 最大发行方之一的 AIG 所获的政府救助，基本用于偿还由 AIG 对高盛、美林、兴业银行和德意志银行的此类风险进行的担保而导致的 460 亿美元索赔。

信用违约掉期，是那种令交易者为之雀跃不已，但其真实价值值得怀疑的最为典型的金融泡沫范例。而某些交易者已将这些 CDS 变成了纯粹的投机工具，这些 CDS 不过是一种将不同金融工具的相关风险进行转移的方式而已。它们在不同资产类别间给出了选择和套利的机会。

此外，尽管其拥有不同水平的流动性和价格，但往往都被视作信用的指标。CDS 对发行方的信贷可靠性有极为巨大的影响。信贷或债券有时会产生出总额数倍于原始债务的 CDS。正是这种杠杆作用使这一产品尤为危险：其规模难以预测，而其交易活动对市场的影响要比被投保的问题资产更为深远。

对美国纳税人而言，这一技术的代价可谓高昂，单是救助 AIG 一例就花去 1800 亿美元。将来，谁来担当承保的合约对方？鉴于 AAA 评级的私人金融机构愈加稀少，通过 CDS 获得的信用增级其价值都将打上折扣。更重要的是，必须对 CDS 的资产负债表处理加以审核，并规定其大体风险及实际估算风险的透明度。

商品和期货交易委员会（CFTC）主席盖里·詹斯勒作为衍生产品的监管者，明确表示亟须对衍生产品透明度加以规定。“不透明状况仅对交易者有利。摩根大通持有的资产负债表外衍生产品数额已高到难以想象的天文数字（数万亿美元），需要进行相应资金配置，并公布自身拥有的股份情况；其他 CDS 的持有者也应一律如此。”

即将实施的新透明度规定也会为合并统计作业提供便利，而以往的不透明状况令整个 CDS 市场的规模难以衡量。

美国国会已通过一项改革，其有两方面侧重点：首先，对总额高达 6000 亿美元的衍生产品和 CDS 要求通过清算制度进行清算。其次，这些互换合约应由附属机构进行，使其所引发问题不会威胁到拥有这些合约的银行本身。这就要求为此类附属机构提供资金方并非发布衍生产品方。

由于本次大崩盘的影响，CDS 市场已大幅缩水，在主权债务市场中的地位也今非昔比。但是，其在对冲商业及金融风险方面仍有一定作用。因此，银行须为 CDS 市场配置资产，供应流动性。

可以说，今时不同往日了。

卖空如同定时炸弹

卖空常被视为一种掠夺性活动，而其也确实如此。当然，我们还是要把用于对冲目的的卖空和作为单纯投机性金融工具的卖空区分开来。

对这些层出不穷的技术本身加以指责显然毫无意义。外汇交易员们都知道，有一种传统的手法有和期货相似的用途，这就是远期外汇交换合约。基本而言，两者原理如出一辙。因此，通过卖空手段对资产或通货风险进行覆盖的行为有着悠久历史。

然而，到底是什么使得这一机制被误用并日渐扭曲？这笔账恐怕要算到空头基金交易员身上，正是这些人将卖空作为自己的专职工作。有些基金仅进行卖空操作，甚至还有所谓“超级空头基金”可进行多个水平的卖空。

不过，这一市场之所以存在，是因为有一个重要前提：做空者必须能够交付那些已经卖出的证券，他们通过借入证券来实现这一点。做空者的交易对象，正是金融资产的持有者。这才是我们应加以关注的焦点所在。

证券借贷确实造成了严重的问题。这些放贷者的动机是什么？通常而言，这些金融机构及其他债券持有者貌似很乐于通过借出债券来获得利息。而如此一来，它们等于助了卖空者一臂之力，让他们有了降低资产价格的手段。因此，放贷者虽获得了些许好处，但等于是帮着减少了自己资产的价值。如何理解这种看似与自杀无异的行为？放贷者和借款者起码应该公布一下这些高风险借贷行为的规模吧？但如今实际情况却并非如此。

首要的第一步，就是对保险公司、养老基金以及各个大学、学院及其他公共或私人机构所管理基金的卖空进行限制。那些确实需要通过卖空来对冲风险的机构，可以更高成本来继续进行这一操作。这样，投机者的“风险溢价”也会相应增加。而且此举也有助于限制交易范围。

要采取的第二项措施更为激进，不过也在逐步取得进展。其禁止那些在证券投资组合中并无足额对应资产的卖空者进行卖出或其他操作。换句话说，就是要取缔“裸卖空”。

对卖空的监管措施可谓姗姗来迟，且常常欠缺严格性。令一些监管部门始终争论不休的问题就是，并无理论证据表明卖空会对市场带来负面影响。虽然我们对研究这一课题的学者保留敬意，我们根本就不必搞什么科学分析就能理解投资泡沫的减少能增强机构投资者的财务安全。

在危机期间，对冲基金为避免最糟糕的情况波及己身，便对金融公司的证券进行大量做空。SEC 主席克里斯托弗 · 考克斯最终被迫同意禁止对一系列金融票据的卖空。不管怎样，此举确实平息了危机所引发的骚乱。如此大规模的卖空也让银行和投行领导者愤恨不已。他们拼命主张让SEC调查对冲基金交易。在卖空者刻意散播下，业内流言四起。相关调查已经展开，但尚未有最后结果。已有数家专营卖空的基金因涉嫌欺诈而接受调查。叫我说，这种专门化的空头基金就应该被直接取缔。

改革资产证券化

资产证券化是一种涉及在资本市场上发行债务工具的金融手段。其所代表的并非政府或企业，而是自身所标的的债权及资产。这些债券以金融机构持有的房屋抵押贷款或其他资产组合为抵押，并以某个“特殊目的机构”（SPV）的形式发行。通过这一操作，银行便能放出超出自身规定限度的贷款，并通过将这些资产以证券形式出售来将其直接从资产负债表中“剔除”出去。

资产证券化无疑是金融危机中产生重大影响的关键因素之一。这些以抵押贷款资产为担保的债券，最终却成了有毒资产。我们在这儿拿金融危机说事，目的并不是为了制约或禁止资产证券化。随着银行资产负债表规模缩小，相当一部分的融资需求将需要由银行通过在当地资本市场上发行证券来筹集。但对于这一特殊手段，我们也着实是有不少经验教训的。

众所周知，证券评级所依据的分析往往并不充分，甚至只是评级机构的自把自为。这也是评级机构对此次危机所应负的主要责任。它们给出的评级草率马虎，且明显与银行暗通款曲。而资产证券化需要的是稳健审慎的评级。领域内各个机构随后采取的措施不失为亡羊补牢，但评级机构本身的管理也已亟须加以改善。

资产证券化虽有其必要，但并不代表过去二十多年来层出不穷，愈发复杂的金融工具是合理的；这些工具只是令其创始者受益，却徒增投资者的困扰。其发展趋势可以说是事与愿违，且增加了市场对评级的依赖性。因此，有必要对各种类型的证券化操作进行标准化。为此需要将这些证券列入监管交易，并可对其真实流动性进行实时衡量。在危机到来前的数年，已有数以百计的证券化资产实际上丧失了流动性。在市场监管部门进行登记，以及明确交易规则的举措，应有助于这些资产提高流动性。

增加风险的透明度意味着需要更大的信息量，并促使市场并不仅仅基于评分，还要通过对信贷和抵押资产的综合分析来对其加以考量。这一点似乎理所当然，但目前尚未落实。应在这些金融产品销售给客户前，对承销阶段颁布标准，让这些负责承销的金融中介机构自行对此类资产进行分析，并禁止那些无法达到标准的产品上市。

美国颁布的新监管规则对此类改革添加了一条颇有趣的规定。其强制要求发行此类证券的银行及金融机构将所发行资产的5%保留在自身投资组合中。这一举措可谓对症下药，势必会让银行改变自身业务模式。要知道比起用自己做不得假的账目冒风险，银行更希望采用的做法是，当其承担风险（信用卡、汽车贷款、房屋抵押贷款）时，可以把这些被它们视为烫手山芋的风险转卖给资本市场。这就叫“有多大胃口吃多少饭”。

这样一来，银行就不必成天担心风险，而是将其通过证券化转嫁给了对此类资产感兴趣的投行。既然评级机构很乐于对这些资产给出 AAA 评级，银行就可以放心地从自己的投资组合中剔除风险了。但这种做法并未顾及借贷者的信用风险。这部分风险未被触及，而借贷的车主、房主或信用卡持有人还以为自己仍在与获得贷款时接触的金融机构进行交易。事实上，风险已被转移，协议的转让也造成了债务持有者的改变，只是新的持有者身份不明。交易记录并不由银行保管，而是在服务公司的手中。

金融危机带来的一大冲击就是，作为最初放贷方的银行蓦然发现，那些已通过证券化从其自身账目中剔除的风险，却仍给它们留下了一种难以撇清的风险：也就是它们商业信誉的崩塌。它们的贷款责任犹如投出的回旋镖一样去而复返，始终缠着它们不放。

它们已无法对信贷进行重新协商，因为已证券化资产的持有者拒绝做出任何有助于银行降低风险的改变。可真正要向监管部门作出解释的，还是放贷的银行。

对出售给市场的风险资产的最小自留额加以强制规定会产生两方面的积极效果。首先其会令银行保留针对此类资产的最低水平资金，并确保银行在自身负债表上承担相同风险。这些措施应有助于建立更为高效、透明和诚信的资产证券化制度。

其次，此举有助于减少此类资产的总额。由于银行需要将发行的证券化产品的 5% 保留在自身资产负债表中，那么证券化的规模也能得到一定限制。

随着银行资产负债表逐渐收缩，证券化会变得愈发重要。在欧洲，资产证券化并不招人待见，目前尚无重见天日的可能。但无疑这一市场还会进一步发展壮大。

私募股权基金

作为金融市场主要参与者之一，私募股权基金有着悠久历史。而令其开始声名狼藉的，是发生在1989年的一起并购案例，即当时尚籍籍无名的KKR收购烟草食品领域巨头纳贝斯克（RJR Nabisco）一案。KKR成立于1976年，创始人为杰罗姆·科尔伯格及其表兄弟亨利·克拉维斯与乔治·R.罗伯茨，前者已于1987年退休，而后两位则执掌公司至今。他们三人都曾为贝尔斯登工作。

私募股权基金从一开始就是作为金融逐利者而存在。它们的目标就是找到那些股价并未真实反映其资产价值的公司并进行收购。其早期的介入模式是对美国大型综合企业的分拆。

当公司的市场估值较低时，它们所给出的是否是其实际价值呢？私募股权基金通过自身操作，声称其为投资者修正了估值错误。这些基金将自己这种对价值的“拨乱反正”视为对经济所作出的贡献。

大多数情况下，它们寻求获得未上市公司的控股权。因此，其对上市公司的介入方式与那些谋求上市股份和短期投资的对冲基金完全不同。

退出投资策略

我们要了解私募股权基金的行为，却要先从其退出投资策略谈起，这似乎出人意料。然而，这却正是私募股权基金的独特之处，也是其局限之处，更是由财务投资人介导的并购与行业投资人所进行的并购间的根本差别所在。

以其信贷周期而言，私募股权基金属于长期投资者。但与持股公司、家族集团等行业股东不同，私募股权基金的投资策略中有一个基本要素，即其退出投资策略。这些基金的生命周期约为7年到10年。

这种退出策略甚至在进行决策前就已经被纳入考虑。私募股权基金的原则是寻求投资回报，为此必须对退出策略的价值、时机和方式加以充分把握。

其可行策略之一是在证券交易所进行首次公开发行（IPO）。私募股权基金所收购的公司一般在股东人数和股份流通性方面不符合证交所上市的标准。在持有这些投资数年后，一种自然而然的退出机制就是让公司重获上市资格。

另一种策略是将公司转卖给某家有战略性并购需求，且报价比股市所得更高的业内经营者。这种情况实际就是将控制权转交给对象公司，而这种控制交接的定价会比单纯的证券市场上市更高。

最后，近年来还涌现出另一种方式，一个允许此类基金将其持股出让给其他基金的相关市场已经形成。这听起来有些令人惊讶，但私募股权基金并购企业的二级市场正呈现蓬勃发展之势。造成这种局面的原因是多方面的。也许是因为私募股权基金所获得的报价已达到甚至超过其投资回报目标，抑或是因为基金已近末期，需要逐渐出售持有的股权，以偿还投资者。这种情况正日益普遍，资产的转移对减少基金负债也是十分必要的。

私募股权的增值价值

要诠释私募股权基金所起作用的复杂性，单从金融创新角度去理解是不够的。不可否认，在宏观经济层面，私募股权已成为资本市场的重要组成部分。以往，并购往往多为行业渠道而非金融渠道发起。此类并购数量稀少，且会带来重大的行业和策略影响。卖方不得不屈从于买方的策略。

而私募股权的存在则为企业经营策略加入了一个基本要素：其创建了一个市场，并非仅针对公司股份，而是针对公司本身。这对于激发企业经营活力起到了关键作用，甚至政府也发现，有些因策略或财务原因使得它们无法涉足的资产，也颇受私募股权买家的欢迎。

这些基金通过拓展企业市场使其流动性增强。它们所提供的资金可用于长期投资，并且对公司管理层创造更多财富的能力给予信任。

全球参与

认识到私募股权投资在全球金融与行业转型中所扮演的角色是十分重要的。虽然这一模式起于美国，通常也在美国公司间进行操作，但其全球化程度已十分显著。

首先，在购买美国公司的同时，私募股权基金通常会将其国际分支机构也接收过来。在纳贝斯克一案中，KKR 及其合伙人通过出售这一美国企业，免费获得了其国际分部。

随后，这一模式在许多国家发展壮大，通过创建专用于并购外国公司的基金，私募股权市场国际化已成为现实。

如此一来，市场便向全世界开放，且许多基金也在世界各地设立分支进行募资。KKR 如今已在 10 个国家设有办事处，即使是新兴市场也并未挡住其脚步。其身影已遍布中国、印度、俄罗斯与巴西等国，并发挥着日益突出的作用。

这种大背景下，这些基金也不得不与时俱进，学会如何与外国政府及外国文化打交道：当然其也会遭遇失败挫折，尤其是在亚洲，私募股权基金的名声不佳，一些政府总对其报以狐疑的目光。

受累于债务的模式

当然，如果你以为私募股权就是完美无缺的“美丽新世界”，那也未免有点不切实际。在这些私募股权基金中，有些基金专门进行所谓“杠杆收购”，其特点就是通过债务最大化来进行筹资。

实业公司一般将自身的债务股本比维持在3到4，而一些私募股权基金对债务的运用却堪称极尽所能。对此银行当然十分乐于提供各种形式的融资（后偿贷款、夹层贷款以及单一短期债务）。在银根宽松的时期，债务水平很容易升高至危险级别。而且，借款方还会设法削弱那些对公司财务有约束力的债务契约强度。

事实上，在并购后的头两三年，股权基金便会通过被收购公司的举债来为自己获得回报。其做法是以协商方式让公司大量借入额外债务，然后将借入资金以红利或其他形式进行分配，这样就为下一次杠杆收购提供了资金。然而这种做法会使得公司的金融脆弱性进一步增加。

尽管私募股权基金谈及自身目的时总是以“增值价值”之类模棱两可的说法自我标榜，但实质上它们通常是一种掠夺者，会把被收购企业的价值侵蚀殆尽。正是因此，危机期间美国当局才不让它们参与问题银行的收购。

为开展活动，私募股权基金的合伙人会直接投资被收购公司。为此，他们就要更多地依赖于借款。

这些基金的融资方式甚至包括三重杠杆。随之而来的三重金融风险很大一部分落在银行头上。这也是为何危机会令这些参与者大受冲击，并突然停止买入的原因所在。杠杆融资已占到整个市场的40%。

这无疑会减少兼并收购类市场活动，并导致“亏本抛售”的出现。如今，金融参与者要想从银行获得融资，其债务股本比也必须维持在 3 至 4 的水平。行业和金融买家总算站在了一条起跑线上。

私募基金的不妙处境正如一篇文章所指出的："其必须做得更好，而不是无意义重复那些只是令被收购公司债台高筑的糟糕交易。"换句话说，它们需要证明自己的社会和经济价值所在。

对杠杆的使用必须慎之又慎。因为其无疑会对体系造成一定程度的波动，并对金融稳定造成威胁。拜金融危机所赐，多数西方市场已实行去杠杆化。与此相反，中国股市的杠杆比率因融资融券的推出而一路飙升，并最终在 2015 年夏引发崩盘，令股市深受其害。

不惜代价地削减成本

私募股权基金对自己进行偿付获得回报的方式就是削减过多成本。这恐怕是它们在全球范围内引发最大争议的一种策略了。

原因多种多样：首先，由于对被收购公司较为陌生，它们之间少有羁绊或忠诚可言。对基金而言，公司只是获得现金收益的方式而已。由新并购的出资者所任命的管理层游离在公司架构之外，其唯一所做就是极其野蛮地削减成本和大规模裁员。这可说是金融业背叛经济本身的一个鲜明例子。

如此反差巨大的事实，令私募股权基金所谓"增值价值"的虚伪遁词不攻自破。它们的目标很简单，就是在 7 ~ 10 年的时间段里获得收益。其做法确实可以带来增值，但只是对私募股权基金自己，而不是对它们收购的公司。通常只要不到 3 年时间，这些基金就可以把公司蚕食殆尽，只剩一个骨架子；而掠夺来的血肉则用于喂饱贪婪的投资者。

此类情况最著名的案例就是一家名为 Vanguard 的公共卫生医院，专营敬老院的企业在被摩根士丹利资本收购并经营后出现的成本削减。当这些敬老院的住户亲身经历了医疗护理和食品卫生水平的大幅下降后，他们的家人纷纷对这家私募股权公司提出诉讼。

事实上，企业工会已开始对由其决定是批准还是拒绝的收购条款小心翼翼，如临深渊，生怕一个大意就让自己万劫不复。而那些并不乐见私募股权基金这种“异形掠食者”侵入自己领土的政府则对其建立了各种干预和审批方法。在一些国家，私募股权已成了人人喊打的过街老鼠。

黑石大戏

黑石集团在 1985 年由史蒂夫 · 施瓦茨曼（中文名苏世民）和彼得 · 彼得森共同创建，初始资金 40 万美元，其业务完全以投资者利益为基点。2006 年，公司认为募集资金并上市的时机已到。

为达成这一目标，其建议部分投资者根据这一经营预期在上市前购买公司股份。中国政府通过其国家主权基金中国投资公司，在黑石进行 IPO 之前，斥资 30 亿美元，购得公司 10% 的股份。

该公司股票在 2007 年 6 月 22 日，以每股 31 美元的价格上市发行，当时正值次贷危机爆发之际。针对随后发生的风波，许多怀疑论者难以理解的是，为何高盛会接受这样的估价，虽然很明显作为黑石的股东，高盛有明显的利益冲突。无论如何，银团最终接受了黑石主要持股人史蒂芬 · 施瓦茨曼开出的套现条件。通过这次套现，他个人直接获利 6.67 亿美元。当然，他不是唯一的获利者：高盛也从对黑石的投资中获得相当体面的回报，紧随其后的是美国银行和 AIG。

然而灾难旋即接踵而至：上市伊始，黑石就开始栽跟头。股票以每股 31 美元发行，仅在一周以内就跌去 1/3。至 2009 年 2 月 20 日，其市价每股约为 3.90 美元。黑石的认股人在 2 个月里损失了将近 90% 的投资，公司管理层被集体炒了鱿鱼。随后，黑石股价一直徘徊在发行价一半以下的低迷区间内。

中国主权基金主席为其行为辩护称，对美国私募股权公司黑石的投资从长期来看还是可以有所回报的。但这不过是一厢情愿罢了，最终中投公司在 2012 年以未披露价格抛出所持黑石股份，蒙受巨额亏损。

黑石集团大中华区主席梁锦松也最终离职。可以说，这是一场由彼得和施瓦茨曼联合导演的关于贪婪与误导的最经典戏码。

创新之限

创新当然是有益的，它可以改善人们的生活，让我们更加幸福快乐。但是创新不能以本身为目的，金融创新更是如此。创新应有具体目标，且这一目标不能仅为金融机构的利益服务。

金融创新常常并不透明，且其相关原理可谓知者寥寥。

因此，必须在各个层级对金融创新加以制约。公司管理层和董事会不仅需要充分了解这些金融创新产品对金融机构本身的影响，更要洞悉其对其他市场乃至整个社会的波及作用。

对这些创新产品，也有必要进行严格的监管审查。监管部门不仅要留意投资者的状况，更有责任监控新产品所带来的系统性风险。

创新者也该学会如何将这些创新产品的架构以通俗易懂的方式对大众坦然相告，而不是对其遮遮掩掩。

更为重要的是，一旦金融创新已达到了足以影响整个市场的程度，就必须对其加以监管。

监管部门必须对金融创新可能对金融界乃至宏观经济造成的后果有清醒认识。除此之外，我们还需要提一个基本问题：金融创新究竟对经济乃至社会有何贡献？

比特币，又一个庞氏骗局

近来颇有争议的一大金融创新就是比特币了，这是一种在一名身份成谜的日本数学家晦涩难解的研究基础上开发出来的“数字货币”。

比特币从来不是一种货币：其虽然具有支付工具和记账单位

的功能，但是却缺乏作为货币的一项关键要素，即储藏手段。

而比特币的发展历史也映证出其先天不足：

· 其币值曾突破1000美元，但在几个月内又跌回200美元：这纯粹就是一些比特币所有者以毫无根据的价格出售自己手中比特币而造成的数字游戏而已。

· 数个比特币市场的所有人和创始人因欺诈而遭受诟病。

· 涉及比特币的数起洗钱案已在美国法庭受审。

· 比特币作为支付手段的应用极为有限。

其实，比特币取得的“成功”所反衬出的，恰恰是监管部门在相关管理，透明度把握和货币监控方面的失败。

LIBOR操纵案

那些足以改变世界的最令人难忘的事件，有时也是最平平无奇的。如今已街知巷闻的LIBOR（伦敦同业拆借利率）丑闻，其实就始于银行交易员们在每日平淡的工作中所做的对这一金融领域最重要指标的操纵。他们对这种篡改见怪不怪，还彼此开玩笑，或者为此互施一点小恩小惠。比如某位交易员在获得一个虚报的数据后保证“咖啡我来请”；另一位则写道：“哥们，我欠你一个大人情……我正准备来开香槟呢。”还有一个交易员把自己的日常记录贴了出来，好让自己不要忘了下周篡改一下数据。“要个更高的6个月期固定利率报价”，他在自己的日历中写道，好像在报事贴上留言“别忘了买牛奶”一样稀松平常。

LIBOR 指的是伦敦银行间的同业拆借利率，是反映银行彼此借款成本的一个关键指标。共有总值高达 350 万亿的金融产品与这一参考利率挂钩，从利率互换、公司借款到信用卡、房屋抵押贷款和储蓄账户应有尽有。

近年来金融界最大的丑闻无疑要数这次的 LIBOR 危机。其所暴露出的是银行内一个不受监管的交易员小团体，他们利用对市场的支配地位，肆意操纵利率。而这一利率与总额高达 350 万亿的各类贷款、债券、衍生产品及其他债务工具的借贷成本定价相挂钩。本应对此行使职能却实际缺位的“监管者”是英国银行家协会（BBA）。BBA 是英国主要的银行及金融服务业协会，代表超过 240 个成员组织的共同利益，这些组织遍布全球 180 个国家。

以英国金融服务管理局（FSA）CEO 惠特利的名字命名的“惠特利报告”，是在前所未有的 10 国监管部门联手之下出台的。看来 LIBOR 问题真的是牵一发而动全身。

这份审查报告总结称，提交与诸如 LIBOR 等指标相关的伪造或失实信息的做法是广义上的市场操纵方式，因此，应将其归于市场行为滥用的范畴内。

由于此类指标对市场运行起到重要作用，其定价应基于自身实际交易情况，而不是委托所谓胜任机构根据对特定金融工具的作用而进行估值。

报告着手规划 LIBOR 的改革，并给出了一系列改革建议。此外，报告还对 LIBOR 的可能替代选项进行了考量，并调查了报告的意见对其他全球性指标的可能影响。

在遭到多次问讯后，欧洲各大银行不得不支付大笔罚单，平均每家被罚约10亿美元。部分高层领导引咎辞职。监管体系也进行了彻底排查。

2013年7月9日，为LIBOR而设的霍格招标咨询委员会宣布，经过严格选拔后，纽交所（NYSE）所属泛欧交易所利率管理有限公司被指定为LIBOR的新监管者 。作为新的管理者，其计划通过构建强有力的监管体系，结合市场为导向的验证方法，再辅以优秀的市场架构提供商，从而让LIBOR恢复公信力，重获人们的信任。

欧洲方面，在对涉嫌操纵欧元区银行间利率指标的各家机构进行深入调查后，欧盟竞争监管部门宣布将对德意志银行、摩根大通、汇丰银行、苏格兰皇家银行、法国农业信贷银行以及法国兴业银行实施处罚。

LIBOR市场如何进行监管？一些人倡议设立某种形式的政府监督。而德国银行监管部门则呼吁政府参与到LIBOR之类的利率指标的制定过程中。

“那些仅基于多少有点随机的估价而来的参考价格并不可靠。”德国联邦金融监管局（BAFin）主管雷蒙德·勒斯泽在接受《星期日报》采访时说道，“关系最为重大的数据必须由政府机构加以审查。而不应仅仅依靠私营行业自身。”

外汇市场

尽管交易员的闲聊不比正式的会议备忘录，但相关信息显示过去两年来，监管部门在 LIBOR 事发前其实已对类似问题有所察觉。英国央行委员会一名成员称，监管部门曾数次在不同场合询问一些资深交易员，每日的“fix”指数是否可能遭到操纵，但这些交易员只是一再敷衍，让他们不必过于担心。

而现在，多个监管部门已开始对每日交易量达到 5 万亿美元的全球最大市场，亦即外汇市场进行彻查。而随着监管机构纷纷聚焦于外汇市场，诸如瑞银（UBS）、德意志银行、高盛、劳埃德银行和法国巴黎银行等业界大腕又得准备领受高额罚金。

不过由于交易员间的合谋，加上外汇市场的高度集中，相关调查可能颇费时日。

花旗银行和摩根大通甚至已经让其外汇交易员休假去了。

外汇市场的特征指标是“fix”，这是一种短期拍卖价格。

fix 指标通过每日指定时间段内收集到的交易货币利率采样计算得到，并被公司和投资者用作基准参照点。

高度集中的外汇交易员，加上这一 fix 指数，令其受操纵风险与 LIBOR 的情形颇为相似。有关部门一开始研究可改善这一情况的措施。全球各国的央行再度联手，试图在爆发全球性丑闻前先将危机解决。

欧盟委员会正在对外汇市场可能受到操纵的相关信息进行研究，但并未决定是否开展正式调查。欧洲竞争委员会成员华金·阿穆尼亚称：

“我们已获得关于外汇基准指标可能受操纵的内部信息，但正在对相关信息进行审阅，我也不知道接下来会发生什么。我们还处在前期准备阶段。”

CHAPTER 6

重归透明简单

沟通的失败

金融似乎从来就给人以晦涩不明之感。世界各地情况还出奇地一致，而且鲜有人为增进其透明度而付出些许努力。

不论是政府部门还是金融机构，长期以来都倾向于在内部小圈子里解决金融问题。当然，有些讨论确实不宜公之于众，对此我们可能也没法加以全盘改变。但这绝不是在关键信息方面对公众三缄其口的借口。

与上述情况相矛盾的是，金融机构往往反倒是公关公司和综合广告公司的优先级客户。它们在宣传方面动辄花费数以亿计的美元，所图的就是有个良好形象。然而若无内在支撑，再好的形象也不过是金玉其外败絮其中罢了。在危机背景之下，对此唯一的亡羊补牢之策就是秉持坦诚的态度。高盛前阵子“有幸”获得了某家主流杂志颁发的“最差危机沟通奖”提名。而其 CEO 劳埃德 · 布莱克芬却还在考虑是否要参加奥普拉的脱口秀。不过别急着朝他扔石头，因为事实表明他还不是最差的。英国石油公司 CEO 托尼 · 海沃德（中文名唐熙华）以其糟糕的表现战胜了众多银行家并获得了最差危机沟通奖，估计他在下一次危机到来前都将保留这一头衔。

关于透明度，有个问题是显而易见的：应该向公众披露哪些正当合理的信息，以使他们恢复对金融体系的信心呢？即使是对复杂的金融问题，也应该有通俗易懂的沟通方式。18 世纪法国哲学家布瓦洛曾说过："观点一经充分构思，就可加以清晰阐明，并轻松脱口而出。"这真是至理名言。

但什么才是"充分构思"呢？这恐怕还是个问题。我其实不太确定金融领域负责沟通者对其言论是否做到了"充分构思"，他们的发言要么失之简单，要么冗长唠叨。而透明度问题并不仅仅关乎语言和沟通方式，我们所亟须的是构建一种金融基础教育的方式，从而令非专业的普罗大众也理解金融学的原理。

围绕金融的沟通数量已有大幅增长，且日益丰富多样。这是否能为我们带来助益？不过那些积累有毒资产的金融机构却绝少提及这一话题。其中一些机构甚至还"忘了"公布数据。

如今，金融沟通的领域因某种称为"规则运用"的合规方法而被搞得乌烟瘴气。记者招待会、全体股东大会以及董事会的含混不清有时让人深感震惊。其表面排场难掩实质沟通的僵硬迟钝。CEO 的陈述变得毫无意义。而真正的企业家决不应将他的演讲变成一场枯燥的合法性声明。英国石油公司的墨西哥湾漏油危机便是一个鲜明的例子：面对国会听证，公司 CEO 的发言和证词却好似在朗读一本法律书籍。虽说法学院所教授的法律原则中并不包括诚实这条，但要建立值得信任的沟通，这确是不可或缺的。要人们对金融重拾信心，就需要金融家们的言辞风格有根本性改变，更为清晰明确、简单直白，当然最重要的还是更为诚实。

我们所做的一切，目的都是为了做到开诚布公，实事求是的发声。若能如此，则有望翻开沟通的新一页。

清晰表达的缺位

多年来，尽管金融领域的发言以复杂晦涩而著称，但却难掩公众日益增长的对清晰信息的需求。看来，金融界和各大金融机构对于让他们“说人话”的要求怀着深深的抵触。

能够反映这种态度的一个例子就是，证券交易委员会需要明确规定，作为金融信息发布的文件必须使用“通俗易懂的简明英语”，而不是律师和会计人员的行话。这条规定称得上一次革命，让金融家们不得不改变自己的风格。对此，他们心里想必是一万个不情愿，以下是他们的心声：什么时候起法律文件要让律师以外的人看懂？不是会计，又何必看什么会计报表呢？还有财务记录，干嘛要让金融门外汉们搞懂呢？和公众沟通？开什么国际玩笑！投资者和消费者只要相信专家就好了！

正是这种愚民思维导致了史上最大金融丑闻，以及我们正经历的金融危机。业内所谓的营销手段就是对公众进行欺诈，让他们去借入那些看似诱人，实则无法负担的房屋抵押贷款。信用卡及其他各类消费金融产品所用的也是同样伎俩。即使到了如今，那些发送给个人用户的时事简讯所用的还是一种让人费解的晦涩语言，且不提供任何解释。

“最近，银行免除了保额内存款超过先前最大限度的 FDIC 担保。该担保被给予让渡以打消存款人疑虑……以一定的成本。”这是一段从我的银行收到的信息，其实质上意在掩盖这一举措降低银行业成本的目的。但更为关键的问题在于，其根本未提供让收信人明白“这段话到底什么意思”所需的基本信息。当时已是2010年。

金融教育不在学校课程设置之中

我在哥伦比亚法学院的教学经历，让我对金融教育所面临的挑战深有感触。

高中并不教授学生金融方面知识，这合理吗？他们这个年龄不正该接受这种培训吗？青少年已逐步开始接触金融世界，可他们平时却连一丁点相关知识都学不到。如果缺乏了解，那将来就要遭遇风险。

对此，金融界有着说明、告知和教育的责任。

在互联网泡沫破灭后，那些因商业原因刻意欺骗公众的银行被处以罚款。这些罚款中有一部分被用作教育培训。然而数以亿计的美元并未投给高中、大学和高校院所，反而用于支付针对商业领袖的高价管理项目培训费用。如果这些资金能交到学校手中，本可发挥更大作用的。

我开设的专栏博客，让我深切感受到公众对于金融知识是多么如饥似渴。在公众眼中，金融是神秘的、被操纵的，也是危险的。阅读许多评论留言后，我发现普通民众基本都有一个“根深蒂固”的观点，那就是金融总想忽悠他们，大概可称为“无金融家不奸”。所以我们有必要探究一下问题的根源：我们对公民的金融教育很不充分，甚至完全没有。在高校层面的资本市场讲座和研讨会上，我总是积极鼓励学生学会阅读和理解《金融时报》。

在学生到达财务成熟期，也就是可以拥有信用卡和银行账户的年龄的两年前，让他们对这一时期自己应承担责任有一个基本了解，难道不是应有之义吗？

在美国，青少年用信用卡（由其父母付账）的支持者对此类卡任何形式的信用额度审批都强烈反对。然而这些人却刻意忽略了一个事实：对孩子的债务负有法律责任的是他们的父母。在他们眼里，只要能让这些尚处消费和负债低谷期的青少年尽快陷入于无度消费的错觉中，他们的目的也就达成了。鼓励这种未受教育且无责任的消费金融也成了业界策略的一部分。

除了基础教育的问题，受教育阶层对哪怕极其简单的金融原理的了解之匮乏也让我深感震惊。要从事某项涉及金融财务的行业，却对其基本原理知之甚少，这真的是负责任的态度吗？这种无知无识让银行随便找个毕业生就能搞定客户，后者甚至不知道自己该问什么。

这是一个严重问题：受教育者的无知不应成为其陷入模棱两可的营销圈套的借口。我遇到不少高级专业人士告诉我他们不懂金融，数量之多令人沮丧。为什么如此之多的投资者会被明显属于误导的建议牵着鼻子走呢？

有句话说得好："如果事情好得令人难以置信，那很可能不是真的。"

说一句自己不懂金融，就可以推脱自身责任了吗？不要相信什么"神机妙算"。金融可不是什么点石成金的魔术，对那些安全资产，它也没办法创造高回报。期望收益越高，那资产承担的风险也就越大。这个道理再明显不过，可却始终有人在这个问题上受骗上当。之所以如此，因为人们总是做着这样一种白日梦：金融可以让你毫无风险就一夜暴富。对此我只能遗憾地说，世上从来没有这种好事。

金融信息应完整易懂

如我们所知，随着资本市场不断发展，金融机构开始越来越多地诉诸公开市场：或是用以转移债务，或是用以募集股份。于是金融信息问题就引起了众多学者的关注，并成为许多立法提案的主题。

金融危机首度暴露出了相关信息的不完整性。次级债的借款人并不知道，两年后凶猛上涨的利息将使他们无法负担。相关信息缺乏透明度，且常具有误导性。

我见过的最离谱的情况，居然有人把房屋贷款利率和 LIBOR 6 个月期利率挂钩的。美国买房的普通老百姓，谁知道什么是“伦敦银行同业拆解利率”？他们之中又有多少人能估计或至少猜测一下 LIBOR 相关的风险，或者了解当银行间彼此失去信任，这一利率会达到多么可怕的高度吗？

许多金融公司公布的信息也同样不完整。这一现象产生的原因有两重：有些情况明显是属于公司蓄意隐瞒信息。此类情况如经证实，就属于欺诈，做出这种行径者就应该被送去蹲班房，坐大牢。Amaranth 基金、北石银行、美国银行——美林、富通等所犯的就是这一类情况。然而至今尚未有人因发布误导性或不完整信息而被定罪的，更不用说接受制裁了。

另一种情况就是管理层的失职。不幸的是，在信息披露不完整的案例中，如果有一起是因为蓄意密谋，那对应的至少有十起是源自失职渎职。也许后一种罪行在法律上没有前者严重，但也足以令渎职的公司高管卷铺盖走人了。一些公司公布信息的速度之慢，实在令人震惊。比如德意志银行在一周内公布了数据，可是还有花旗、美林、AIG、雷曼、贝尔斯登、瑞银，以及其他许许多多的公司非要拖上数周乃至数月，才能将其所有的未偿还有毒资产统计并公布出来。

尽管证券交易委员会颁布了所谓“财务披露”（FD）的规定，但对此状况也并无改观。该规定很简单：任何在公开场合披露的，包含会对公司带来实质影响内容的信息，都必须在 24 小时内在证交会进行登记。

我们不应忽视对清晰披露规则的需求，这是资本市场中投资者有否信心的关键所在。

保护散户

要确保市场规则得到公平公正的实施，市场监管部门还有一个特殊的职责：保护散户投资者。机构投资者和部分合格投资者（QIB）主要依赖信息的完整度和准确性进行投资。他们可视为具有充分资质。

对散户投资者的保护是颇有难度的。监管部门可不能指望公众对金融风险有多少认识。但相关披露信息必须保证这些个人投资者不会承担不合理风险，并对其所承担风险的性质有所了解。

这些有时自相矛盾的要求的确让人倍感纠结。不管监管部门的干预措施有何种依据，都必须首先确保其信息是可被理解的。

因此，要恢复公众信心，当务之急是给出通俗易懂的信息，愿意对此加以解释，并监督金融机构所传达的信息。最为自然的起到承上启下作用的信息中继者应该就是那些负责对投资及其风险给出意见建议的专业咨询人士了。让他们保持自身的独立公允是很有必要的。然而不幸的是，投资者被咨询顾问坑的情况简直是屡见不鲜。

对各种“理财顾问”支付的报酬并不因其管理的投资组合的绩效而有所改变。多数情况下，这些顾问都是靠交易时获取的佣金维生。而且，众多非独立中间人会在他们工作的银行以金融资产的形式推销所谓“家庭理财产品”。如何保障金融行业的诚信？总不见得把监控器装得到处都是吧？此外，监管职责的履行也会有疏漏：大多监管人自己就是经纪人，自然更重视与客户的交易，而不是自身的监管职责了。公众会发现，在金融行业内找不到他们所需的坦率忠告，甚至要获得客观公允，不故弄玄虚的信息都十分困难。

不过，也存在相当超值的独立理财顾问。所以投资者要是对自己负责，就该对这些顾问加以仔细评估，以确定哪些顾问才是值得信任的。真正恪尽职守的独立顾问的前景还是光明的。

金融分析师面临的利益冲突

在关于信息透明度和简单性的争论中引入金融分析师这一角色并非偶然。他们的责任就是充分发挥自己的判断力以准确预测未来。毕竟，谁会记得一个总是预测错误的分析师呢？不过，尽管具备深入的分析能力和复杂的推演模型，他们却未能预见到金融机构的崩溃。

实际情况有些奇怪：金融分析师对企业领导者还是有重大影响力的。我还记得有几次分析师和公司高管之间发生了公开冲突的情况，后者不得不使出浑身解数才能击退那些吹毛求疵或质疑其发言的分析师。

有一则逸闻曾被大肆宣扬：有一名花旗的分析师，负责对ATT（美国电话电报公司）的监察，而花旗公司董事长桑迪·韦尔曾任ATT董事。从客观的角度出发，这位分析师对ATT的管理十分苛刻挑剔。但桑迪·韦尔和他通了几封信后就改变了他的做法。桑迪·韦尔帮这名分析师的两个孩子进入了纽约一所极受欢迎的学校。而这名分析师则对天发誓这对他关于ATT的报告并无关系。

我们可不能指望那些在金融机构内工作的分析师能对自己的老板提出质疑。这种利益冲突很难应对。公司往往限制这些分析师对自己公司所进行的金融交易进行预测，以免互生龃龉。

其实要明白金融分析师的局限性还有更简单的解释。其研究只能基于公开信息，且如果从公司高管获得了内幕消息，就会被要求不再涉及此公司。虽然分析师们也会运用中期预测（通常为3年），但主要根据2个指标进行判断：股票相对于市场的绩效（他们的建议项），以及短期股价（目标价格）。我们不应把金融分析和信用分析搞混，不过，在对公司金融负债这一层面的分析上，两者其实是一码事。

这种现状实在不能让人接受。既然金融中介要和风险打交道，我们自然期望分析师能够通过处理这些信息来判断公司是否有过度经营情况，或其财务架构如何。随着股东对金融公司的此类要素兴趣陡增，他们也有理由希望将更多注意力聚焦在这些类别的风险上，获得有用信息。如果雷曼兄弟或AIG两周后就要破产了，谁还关心它们的目标股价是每股25美元呢？

投资者也必须有所行动。如果这种独立可靠的分析是重要的，那么他们就要为其埋单，而不是老想着免费午餐。卖方分析是为交易部门服务的。其目标就是增加交易量。所以，重要机构投资者之所以宁愿聘用自己的“买方”分析师，也不要依赖“卖方”分析师是有其原因的。这种情形已至少存在了1/4个世纪。真正冒着重大风险的投资者，宁愿相信自己的风险评估，也不会相信那些跟他们做交易的卖方。

那么，在分析师自己所在的公司里，又有多少主管读他们的分析报告呢？估计寥寥。一个好的起点是将这些分析及时转送给董事会，并让各董事在下一次董事会议上提供评论，如果是更严重的情况，应在信息公布之后的几日内就提供评论而不需等到下一次董事会议上。

信息透明是一种境界

信息透明并不仅仅是规定或会计原则之类的问题。试图让金融机构公布完整的，且易于理解的信息肯定非其所愿。那些业界权威和金融公司故意拐弯抹角说话，又是为何呢？答案是不言自明的。但是无论问题有多复杂，唯有将其用诚实可信的语言表达出来，才是建立信任的基础。

金融公司的 CEO 在谈论公司的状况或自己的职责时，为什么不能用更开诚布公，更光明磊落一点的方式呢？他到底在忌惮什么？真正出色的金融沟通不但是一种艺术，更需要彼此交流的意愿来促成。我们自己行事时，是否也会遮遮掩掩而不是坦坦荡荡？有时恐惧和防卫心理会让我们以此为防备措施。此外，领导者会刻意隐瞒信息以掌握权力，而使用行话就被认为是进行沟通而不被其他人窃取信息的好办法。然而，最高的智慧，其实讲究的是简单明白的沟通，正所谓大道至简。

不过，坦诚率真的品质，学校里是学不到的，这是一种道德的境界。

CHAPTER 7

确保资本诚信

CHAPTER 7
确保资本诚信

是谁允许金融公司的管理者盗用他们股东的权益进行投机活动？

肯定不是他们的股东。因为股东将自己的权益资本交给银行时，是假定这些“风险资本”会被银行用于持有金融资产或发放信贷。在股东和金融机构的这种关系中，需要有一种契约，界定公司所承担风险的类型。银行必须就此类风险，以及自身如何达成财务业绩的问题与股东定期沟通。

但是，无论在管理人层面还是董事会层面，这种股东与银行间的契约都已被打破。股东们蓦然发现，这些机构的管理层所设想的风险状况不是被低估，就是管理不善，大多还缺乏透明度。

因此，即使我们的注意力大多集中在系统性风险、消费者保护以及宏观经济等问题上，这些股东遭遇的惨痛经历也应该让我们从中吸取教训，采取相应措施，以免重蹈他们的覆辙。随着贝尔斯登、雷曼兄弟、花旗银行、北石银行、AIG、海波不动产、富通集团、德克夏银行、苏格兰皇家银行以及更多名气没那么响亮的金融机构相继崩盘，数以百万计的股东血本无归。在美国，每一周都有更多的银行陷入破产。联邦存款保险公司（FDIC）目前正在处理的可能破产公司数达到惊人的600家。

对这一问题的处理关系重大。如果我们还想让股东们同意增资或购买银行股份，那就必须对此做出一些改变。如果金融机构的股权筹资渠道最终干涸，将会对宏观经济乃至整个社会带来巨大而无可挽回的灾难性后果。

维护股东权益是金融稳健的保障

股东权益对金融服务的重要性，是无论怎么强调也不为过的。

想想广大股东在危机中的感受就令人揪心，受教育阶层和公共部门投资者也一样不好受。恢复信心，意味着让股东们相信情况已有所改变。每一次危机爆发，股民总是被打上“投机者”的标签。这可不是鼓励他们投资的好办法。

已得到批准的“沃克尔计划”改革方案可谓对症下药。银行资本要行使自身职责，就不能用于投机性目的。而且，此类业务常常不公开，其数据亦不透明，使得银行自营交易和客户账户交易两者难以分辨。可以想见，银行股东对这种业务情况肯定也摸不着头脑，并为此心烦不已。

2009年发生在法国的“凯维埃尔事件”和10年前巴林银行新加坡公司“流氓交易员”的情况可谓如出一辙。当时，法国兴业银行发现其一名年轻交易员对股市指数进行了总额700亿美元的投机，并造成了70亿美元巨额损失。此案暴露出银行是如何将其股东权益用于自营投机交易，并将其中的大量股份投入内部不透明对冲基金中去的。

要恢复信任，就要对资本的运用进行全面改革。国际清算银行对监管规则的修改，即我们所知的“巴塞尔协议 III”，已向正确的方向迈出了第一步。不过其仍有薄弱环节。考虑到 BIS 的授权问题，该协议仅针对商业银行，而投行并不在其资本充足率要求范围内，更不用说对冲基金了。

为此，全球监管部门责成各银行避免过高薪酬现象并减少 2009 年的奖金分红，以保留充足资本。而这些银行至今仍在为其 2010 年的荒唐行为自我辩护，并抵制新的监管规定。

银行在处理这一问题时表现出的这种有意无意的玩世不恭态度着实令人震惊。维持资本诚信以帮助稳定金融体系本是其应尽的责任。当然，这样做会降低高风险投资带来的利润，奖金也会减少。但这难道不正是本次改革的目的吗？事实上，我们的目标就是要降低最高级别风险的规模和程度。

银行家们针对“巴塞尔协议 III”表达的另一种批评意见称其强加了过高的增资。这种观点不算错，但却拘于现状。协议实施后，银行将不得不从资产负债表中吐出那些不再有优先级的非核心资产。而对冲基金和私募股权基金的筹资自然算不上核心。就让我们回到最初状况，让这些业务在资本市场中自行生灭吧。

过度负债危及可持续发展

“金融体系对杠杆的滥用是所有金融危机的源头。”这句话堪称无人可以反驳的盖棺之论。

正是过度的杠杆化令整个金融体系乃至经济本身都遭到削弱。数十年来，监管部门始终汲汲于寻找缓和债务的方法，可还是徒劳无功。这就像一场无休无止的猫鼠游戏。从2004年起实施的新规定允许投行增加其杠杆比率，而其结果就是3家投行轰然倒闭。

在我们的时代，可持续发展已成为全社会的共同宗旨。许多企业已做出了颇为艰难的承诺，致力于持续发展，而不是忽上忽下过山车式的增长，并努力避免危机冲击。然而金融行业似乎是个对此漠不关心的局外者。其事不关己的态度让这一社会宗旨本身成了空中楼阁。如果金融体系始终债务缠身，那社会持续发展又从何谈起？

这些都是金融家们不愿面对的基本问题。然而，民众的信心并不是沙上之塔。如果每隔3年都要上演一次金融危机，无论原因是什么，都令人难以容忍。将金融机构视为盲目的羊群是愚蠢的，甚至会引发更严重的后果。要维持长期稳定性，我们决不能期待公司管理层的智慧或承诺，除了限制金融领域债务水平外别无他法。

可以说每一次重大的金融危机均肇始于过度负债。公共债务、家庭债务，以及金融公司和投资者承担的债务，可谓五花八门，不一而足。对于削减债务，我们别无选择，否则当前情况迟早会危及经济、职场乃至我们的养老金。不论对政府还是私人企业，都需要减债。

股东权益应加以扩大

我们该如何对待股东？他们毕竟是资本的提供者，可我们为何总想方设法让他们集体缄默？可无论我们是将股东大肆妖魔化，还是用甜言蜜语加以哄骗，都难改其作为经济主要组成部分的事实。确保股东投资资本的风险不超过正常级别，也是符合股东利益的。在恢复股东信心的过程中，金融机构又能发挥什么作用呢？

首先，金融机构必须意识到重建信心的迫切性。它们应尽其所能，让股东相信自己的投资找到了值得托付的机构。说实话，危机爆发后，我们也不知有多久没提过“值得托付”这个词了。机构管理者如果可以讲点信誉，可以对股东权益视同己出，并履行身为受托者的应尽义务，就已经是意外之喜了。

对于金融公司的过度风险和过高薪酬，首先跳出来表达愤怒之情的就是其股东。他们必须要发表自己的意见。而董事会的选择和组成也必须体现他们的最后决定，因此必须加以改选。对董事的年度信任投票已成了形式主义，股东要拒绝任命，就必须诉诸行动。股东们必须确保，他们可以信任“他们”的董事，因为这些董事存在的目的就是要表达股东观点。其他人既无此权利，也没有相应责任义务。不应为董事在关键问题上的沉默寻找借口。如今连散户投资者都已经通过倡议网络的形式逐渐组织起来了，可大型机构投资股东却在董事会层面无所作为，继续保持沉默，无论是私人还是公共机构皆是如此，这岂不怪哉？这样做就是放弃自己的权利。

董事们对公司核心高管和最高管理者薪酬的批准，以及薪酬制度本身都应该是透明的。所谓的批准也不能是虚有其表的形式主义。美国公司 2011 年的年会上，股东将有薪酬发言权。即使各大机构的律师团队已准备在这一规定实施之初就对其横加阻挠，但股东们的决定仍引人瞩目。记得当初高盛奖金事件爆发时，一些大股东还是在公众舆论的极力敦促下才站出来小心翼翼地要求高盛将发给员工的奖金数额从 230 亿美元减至 160 亿美元。

新加坡政府宣布，其对最大瑞士银行 UBS（瑞士联合银行）总计 80 亿瑞士法郎的投资共损失了 60 亿瑞士法郎（约合 50 亿美元）。对股东而言，应该对自身愿意承担的风险作出判断和决定。而这就要求金融机构对这些风险加以详尽全面的解释：既不是毫无意义的安慰，也不是神棍式的预言，而是以一种受过相关教育的股东能够理解的简单直白的方式来进行。

例如，“我们准备对一些对冲基金进行直接投资，每种基金我们为客户认购最多 10%，这些投资不会超过我们总股本的 3%”或是“我们打算在新兴国家开展业务，在未来 3 年内预计占到我们资产的约 5%”。这些才是股东需要并可以做出相应评估的风险预测。可今天，股东收到的都是些烟雾弹。

既然股东不能指望“他们”的董事，那么对这类风险加以决定就是他们无可争辩的权利。这并不是对每次风险都进行投票，而是对公司提交的风险预测进行审批。这样，如果风险策略得到的是微弱多数的批准，那么公司及其董事会就会明白自己的一举一动正受到监督，而他们给出的风险预测并不能让股东完全满意。

监管部门如何保障资本诚信?

监管部门纵容了资本的堕落，并对此负有不可推卸的责任。我们既然已经明白不能依靠金融机构的高管和董事们来维护资本的诚信，那么这是否应该是监管者发挥作用的时候呢?

从理念上来看，仅在国家或国家集团层面上颁布规定是不够的，我们必须建立全球性的规定。得益于各国央行在国际清算银行架构下达成的规定，我们终于得以在全球基础上对银行股本加以监管。但这还不够，应尽快将此类规定扩展至其他金融机构。

在这些措施的实施方面，还是需要委托给国家机构。不幸的是，欧元区并不具备在使用欧元的各国中强制实施并监控国际清算银行规定资本充足率的能力。全世界需要的，是一个可以对那些业务遍及全球的跨国金融机构的监督进行统一协调的权威组织。但是 20 国集团是不会赞同这些念头的，它们也肯定不会对其加以实施或让渡自己的权力。因此，在目前尚属高度理论假想乃至空想的全球监管部门成为现实前，我们只有寄希望于工作层面的监管者能够进一步密切合作了。

资本比率：SEC 在 2004 年弃之不顾的职责

2004 年，美国证券交易委员会（SEC）授权 5 家投行可将债务水平扩展到其资产负债表的 2 倍以上。此举令这 5 家投行的资产负债表脆弱性大为增加。其导致的必然后果是，最终这 5 家中仅高盛和摩根士丹利得以在金融危机中幸存。为求生存，这两家投行也将转型为银行控股公司。银行业的模式就此改变，而贝尔斯登、雷曼兄弟和美林则成为 SEC 失职的牺牲品。

较不为人所知的是，SEC 在 2004 年通过此决议前，欧盟也做出决定，允许国家监管部门对欧盟范围内的投资银行业务风险采取较宽松态度。美国方面的决议其实是对欧盟委员会的回应。所以对此我们只能感叹“天下乌鸦一般黑”了。

有趣的是，当时代表高盛的正是亨利 · M. 保尔森这位未来的财政部长，而在他的部长任上也继续发扬了这种放任自流的风格。这一决议的出台背景是所谓监管仍然过多的共和党式理念，而这无疑要为之后的危机负责。

放宽管制的结果可谓立竿见影。美林的允许债务股本比达到 40/1，也就是说仅持有 2.5% 的股本。而贝尔斯登也是快速攀升到 33/1，即 3% 的股本。至 2008 年，SEC 仍在为其放任态度进行辩护。其主席克里斯托弗 · 考克斯在 2008 年 7 月还在指责 SEC 和投行管理层间缺乏互动，随后才不得不承认某种特定资产是导致贝尔斯登破产的原因。2 个月后，雷曼兄弟也申请破产。请注意，正是这一位 SEC 主席在 2008 年 3 月还声称：“我们目前对这类公司的资本缓冲措施一百二十个放心。”

正是 SEC 自己放弃了监管的职责。在贝尔斯登和雷曼兄弟出问题前，其实已经有很多的预警信号。据业内专家称，SEC 的计算机系统在对冲基金“长期资本管理公司”倒闭后，并未加以改进，不能对关键市场压力进行测试。与投行不断提高的杠杆率交相辉映的，是 SEC 从未落到实处的“严格管控”。

为什么在欧洲没有出现类似的投行倒闭潮？原因很简单，因为欧洲的投行都是大型商业银行的组成部分。政府被保护储户的职责所劫持，最后不得不出手救助银行。为避免破产采取的最大国有化行为发生在伦敦，这恐怕并非偶然。回到我之前“宇宙飞船”的比喻，可以说所有的措施不是在确保飞船各层面安全，而是让其更加脆弱。事实就是如此，还能说什么呢。

股东利益最大化不应是唯一标准

在所谓“股东利益最大化”这一原则名义下，激进主义者便对那些并未以股票价格最大化为前进目标的公司施以口诛笔伐。然而这种股东对股票价格和短期股东利益的局限，正是困扰广大股东和公众的最大困惑之一。股东利益最大化原则应放眼长期，而不是拘泥于短期的股价波动。

一般情况下，在某些公司陷入困境时，雇员和政府更倾向于保住工作岗位，欧洲尤其如此。略微降低股东的优先级是十分必要的。将股东利益最大化视为企业经营的唯一标准并不妥当。

除了股东追求的利益，我们也不能忽视社会应具有的权益，以及那些努力工作创造价值的员工应有的权益。在以股价界定的股东权益最大化的目标与社会可持续发展间是有冲突的。而要保障可持续发展，劳资双方就要维持平衡。

无疑，金融公司股东的投资和其所承担的风险理应得到回报。

但是需要记住的是，他们并不是公司唯一的利益相关者。

必要的承诺

无论在哪个层面讨论这些问题，鉴于金融危机的影响，都应对股东权益的诚信加以重新考量。银行的资本充足率是关键所在。

“巴塞尔协议 II”相关规定本应筑起的堤坝从未真正完工，也未能抵御住金融海啸的狂澜。尽管各央行为实施新规定承受了巨大压力，但它们已意识到此类决定势必会让银行不舒服，其也理应如此。随后几个月，是评估欧洲、美国以及全球范围内所采取措施有效性的好机会。此事事关重大。

银行业并不神秘，银行提供贷款和其他融资的能力，必定与其股本成算数相关性。在这一点上决不能玩什么花样。监管方必须确保这种情况不再发生。

CHAPTER 8

给评级机构戴上紧箍咒

CHAPTER 8
给评级机构戴上紧箍咒

由于此次危机，评级机构遭到了猛烈的口诛笔伐。毫无疑问，它们确实辜负了人们的信任。

此情此景，让我们不禁要问，既然这些评级机构对资本市场的正常运行有其作用，那它们又是如何堕落成如今这副充斥着利益勾结、骄矜自满和狂妄自大的嘴脸了呢？其实早在金融危机发生前，它们的玩忽职守就已经有所暴露，安然破产案就是一个典型例子。

一项由美国国会进行的调查通过对信用评级机构和投行间往来信函的挖掘，找出了两者沆瀣一气的证据，这对其声誉堪称重大打击。邮件显示，尽管早已知晓危机即将到来，可这些评级机构却并未降低那些它们亲自给出的高分评级。它们明知部分结构性产品中包含一些条款十分可疑的银行贷款，却对此装聋作哑。如果它们确实是迫于银行压力且处于金钱目的而做出如此勾当，那就是确凿无疑的渎职，这势必会严重挫伤人们对其评级的信任感。

尽管事后评级机构自身发出了改革信号，但此举并未恢复人们对其的信任。要达成这一目标，需要的远不止进行一下技术调整那么简单。同时，我们必须面对的现实是，尽管评级机构尚未做出本应实施的深刻变革，但我们还是离不开它们。

评级机构的所有权和治理

三大评级机构均由私人资本提供资金：惠誉（Fitch）由一家法国公司 Fimalat 掌控，而这家公司归其创始人马克·拉德雷德·拉夏里埃所有；标准普尔归属麦格劳—希尔集团旗下，公司所有人为哈罗德·麦格劳；而穆迪为上市公司，由 6 家机构投资者共管，其中最重要的便是沃伦·巴菲特。评级机构为私人机构，且穆迪和标准普尔皆为上市公司的事实，给这些公司的管理带来了本质上的问题。

评级机构的设立初衷是为了确保其评级判断的独立性。拥有评级机构的私人集团董事会成员，不应再参加评级机构自身的董事会。除非后一董事会完全由独立成员组成，否则就不可信任。而且，虽然用于评级的方法需由董事会批准，其业务规划也要提交董事会审核，但董事与个别评级操作之间，应该有一道“中国墙”[1]将其彼此分隔开。董事不能对具体公司，金融资产投资组合或公共机构的评级构成影响。

① 中国墙（Chinese Wall）指金融机构内不同部门间，如投资银行部与销售部或交易人员间的分隔，目的是防范内部信息外泄，构成内幕交易。

标准普尔设立了监察专员一职，投资者可直接向其提出控诉。我得说这是个拙劣的构思，即使其职责是关注各类请求，并有权进行相应调查，但监察专员直接向麦格劳—希尔集团 CEO 兼上市公司董事长报告这一不争事实使其所作所为除了平添猜忌之外，对改善评级机构的不良形象毫无帮助。

我们很想知道，评级机构要怎样才能开展彻底深入的改革，并使自己的作为与它们网站上那些动听的宣传说辞相一致。真正令人不安的是，其至今仍只认为自己遇到的是表象问题，而非实质问题。

这些机构有责任进行自证，也就是要向外界表明，其管理问题已得到了彻底纠正，而这些问题曾引发史上最严重金融诈骗之一。而目前的运行架构，已使得公众对评级的信心严重削弱。

评级机构的报酬问题

要改革评级机构，最棘手的问题之一就是其服务所独树一帜的报酬制度。

股东利益会导致评级机构给出评级的方式出现一定的偏差。这些机构应该是一种服务性公司，评级本身和公司所获报酬是决不能相互关联的。

谁给评级机构支付报酬？其沿用会计事务所的模式，由接受评级的实体支付。而在对象为主权债务或国有企业的情况下，找到支付者颇有些困难。至于结构性产品，则由对其进行运营的银行付账。在所有情况下，支付者都是最希望获得有利评级的。

目前对评级机构尚无其他付酬方式。为什么不把这些费用包含在证券发行的成本中呢？如此一来，评级机构的佣金才是真正由其受益人，也就是投资者来支付。只有投资者，才会真正关注评级是否透明客观，因为他们才是持有这些资产并为其承担风险的人。而且，这些机构的定价也应公开披露，这样才不会让人们觉得可以通过付酬给评级机构来让其更改评级。

结构性产品的评级不再可信

对标准普尔总裁德文·夏尔马而言，美国抵押债券的评级“令人失望”。但对于危机之年，这种说法只能说是轻描淡写。评级机构最初源自对公司债务的评定。这种评定是较为纯粹的信贷分析。从那时起，评级机构逐渐将业务拓展至于债务类似的各种产品。

评级机构对结构性产品和证券化发行物采用与公司债务相同的评定符号体系，这引发了大量混淆，而这些机构无疑应对此负责。给投资组合打上 AAA 评级，即使其内在信用与此并不匹配——评级机构的这种做法，事实上就是构建了一个信用评级被不断人为拔高的体系。

在结构性产品和公司债务之间，有一个根本性差别。结构性产品是基于一整套发行期间加以冻结，并以不透露发行方资质的“特殊目的机构”（SPV）的形式进行发行的资产。其包含的是至发行为止的应收款项或固定资产的投资组合。因此，由于此类产品具有的结构刚性，使对其的评级并不具备其他产品评级可加以修正的特点。

资产质量一旦出现恶化，就无可挽回。这便是这些金融工具变为“有毒资产”后令我们面临的绝境。一些评级为 AAA 的资产甚至没撑过一年。

如此评级自然会失去可信度。评级机构宣称要采取的改进措施只是小修小补，远远不够。它们仍将评级建立在单纯财务模型基础上，而继续罔顾其背后所蕴含的经济和金融事实。要恢复可信度，评级机构就必须给出对投资组合质量及其可疑债务的定期审查情况。

最糟糕的要数拙劣的评级降低行为了：把评级从 AAA 降到 BBB 或更低，除了承认整个体系的失败外毫无意义。发行此类证券的投行付给评级机构丰厚报酬，这些评级机构对证券的评级只看是否与那些模型完美契合，而对这些证券的标的资产都没有进行分析。

无论如何，这些产品的评级都应该以全新的级别加以标示，而不是 AAA 之类的。否则我们就是继续在维持此类产品评级是与公司债评级是同类事物的假象。

公司债务评级必须进一步深化

在 SEC 默许之下，金融机构债务已呈现结构性增长，这种情况下，其债务评级何以维持不变呢？

毫无疑问，如果目前尚无对公司信用质量加以评估的评级机构，就有必要设立这样的机构。我们可不能指望公司债券的投资者和交易员能够对每一个风险都有深入的分析。债券产生自公司业务的各个分野，既可按地理，也可按行业划分。

评级机构必须首先承认，在这一领域，他们已犯下了严重错误。为重新取信于投资者，这些机构就必须尽其所能，避免安然的悲剧再度上演。安然高管层曾试图游说财政部长罗伯特·鲁宾，帮助其推迟安然评级的降低，这本身就是人们认为此类评级受到企业领导和政界摆布的体现。值得赞扬的是，鲁宾本人从未同意对评级机构进行干预。

对金融机构债务工具的评级状况尤其糟糕。对雷曼兄弟和贝尔斯登债务的评级仅在其破产前数天内才有所下调。评级机构的调整往往是事后诸葛亮，而且即使进行调整也常不到位。可它们从未因此吃过官司。

国家主权评级合理吗？

主权风险是影响某个国家或其各公共部门表现的因素之一。评级机构在主权风险上所扮演的角色，体现的是殖民主义的最后残余。其除了满足投资者需求外，并无金融合理性。不能因为投资者和交易者对主权风险缺乏了解，就给予私人公司随意裁定主权风险的权利。

这一领域亟待进行改革，以引进对主权风险进行客观分析的专业机制。这里我们所探讨的是可以进入国际市场的50个国家的情况。如果银行想要对政府发行的有价证券进行做市，那至少要确保对其假定的风险有进一步了解，而不仅仅依赖一个评级。

建立公共评级机构的构思是一种进步。但其也并非完美无瑕。作为国有企业，此类机构进行董事任命时可能遭到政治干涉。在涉及主权风险评级时，这一做法的合理性尤其成问题。

过往对国家及自治区域发行的主权债的评级方面，也没有什么值得称道之处。评级机构常常会对这些发行方加以“勒索”，威胁如果不与其合作或不支付佣金，就会公布对被评级国家不利的片面评级。

关于此类由评级机构颁布的主权评级的合理性问题，一直受到公众质疑。它们有什么资格给一个国家评级？而且，这些机构正变得愈发政治化：它们甚至公开威胁一些政府，如果不采取其要求的具体措施就降低评级。它们还会在大选前后出谋献策。评级机构处理希腊债务问题的方式就是其所面临窘境的典型体现，并让它们的合理合法性再遭质疑。它们是否了解希腊债务的真实数额？它们又是否知道，有50亿欧元的债务在高盛领衔的公司财团主导下转化为了衍生产品？

而评级机构的主观武断在其对新兴国家的评级上可谓暴露无遗。它们总是低估新兴国家，而高估工业化国家。自2000年来，工业化国家的债务占GDP百分比大多已经翻番，然而其评级却少有更改，整个西方世界仍是一片其乐融融的景象。对此我们不禁要问，美国、英国和法国的评级是否该和日本一样呢（后者评级最近从 AAA 调低至 AA）？而印度的评级从 BBB 升至与中国同级的 A，又有何依据？

而主权评级的内涵已不限于单纯的国家或公共机构评级。评级机构自行武断规定，某国公司的评级不能高于其所在国主权评级。这种做法完全是削足适履。其意味着新兴国家的企业进行借款时注定背上比西方国家的对手更沉重的负担。这难道不会引发更大的不公吗？

这些评级通常对新兴市场所在公司比其西方同行更不友好，而前者的财务状况却普遍好于后者。塔塔咨询服务公司的例子就是绝佳证明。这家印度公司是全球最大信息技术公司之一，其 80% 的业务位于印度之外，且公司资产负债表上无债务。然而，其评级却低于资产负债表中债务更多的埃森哲咨询（Accenture）[①]。看来，埃森哲之所以有此评级，只是因为它是一家美国公司。类似的例子还有不少，尤以银行业为多。于是不少银行只是由于其所在国评级而被迫承担更高的融资成本。

最近，部分印度银行原打算从欧洲投资银行（EIB）担保贷款，却未能如愿，原因是这些银行的评级与印度的相同，因此不达标。需要建立包括西方银行在内的担保承销商二元结构才能提供此类融资。这简直越来越像差别歧视了。

调低西方国家的评级和发展中国家的评级，可能会彻底改变当前格局。我们应该集合利益相关各方，在消除殖民主义的最后

① 全球最大的管理咨询和技术服务提供商。

残迹这一点上达成共识。令人颇感好奇的是，当欧洲大国或美国发现自己的评级降低时，会作何感想？这将是一场真正的革命。

值得一提的是来自中国的大公国际主权评级机构在2010年夏将美国、英国和法国的评级调低一事。理由是什么呢？该机构称："这些国家的经济减速将使其愈加难以承受公共债务的日渐增长。"对此是不是难以反驳呢？而主权债券市场已做出了主要西方诸国的风险继续升高的预期。

对评级机构的监管

对评级机构的监管须责令其在管理、报酬获取和评级程序方面均进一步实现透明化。这些机构目前由SEC监管。同其他监管领域的情况相仿，评级领域也有监管部门过度参与市场，从而有当局者迷之嫌。

毫无疑问，评级机构的管理现状理当引起监管部门的注意。这些评级机构缺乏独立性，只是某个以股东利益最大化为宗旨的公司的一个分部而已。这种情况下其客观性当然存疑。危机后方才达成一致的改革却并不彻底，并未改变管理公司和母公司评级部门间的冲突状况。

SEC必须就评级报酬给出明确且可接受的规定，其关键在于，评级机构的角色是用来保护投资者，而不是充当投行或发行者的马前卒的。SEC理应更加支持评级机构从证券发行中获得报酬的模式。其他选项则因为会引发付款人之间的利益冲突而皆不足取，而评级的受益方自然应该是投资人。令人倍感困惑的是，即使有些投资人被值得怀疑的评级所蒙骗，以为自己持有的是最佳评级资产，却因此损失数百亿美元，却没有哪个投资人明确提出建立更客观评级的要求。

监管部门的第三个责任领域就是评级。SEC应对评级进行年度审计，并要求评级机构对突然的调升和调降评级行为给出认真解释。若无此类限定而放纵评级机构肆意妄为，其结果不难想象。

可将这一监管责任委托给IMF（国际货币基金组织），让其发挥公共部门作用，处理所有相关信息来确保评级的客观公正性。

评级机构接受国会质询

2010年4月，在一纸语带威吓的报告后，美国国会正式要求评级机构高管参加听证。听证期间，有一天专门分派给评级机构的“前任”高管，而之后一天则是“现任”高管的听证日，结果两者给出的证词截然不同。

调查最后做出结论，评级机构将结构性产品的分析模型和评级都提供给了投资银行。这就好像是老师把学校评分方式都透露给了学生。对于后者，剩下的事就是倒腾一下数字，装模作样地填到“试卷空格”上。至于资产实际质量如何就不必担心了。

银行和评级机构的沆瀣一气已有明证。无论在纽约、伦敦还是香港，投行对于其销售资产并未达到其标示评级的事实心知肚明。已公布的电子邮件更是将那些高薪聘请的企业高管们对评级机构薪水微薄的普通员工极尽嘲笑的嘴脸暴露得淋漓尽致。

对此，SEC 也无法继续装聋作哑，而不得不有所作为。正是这种评级机构、投行和监管部门彼此合谋串通的行为，导致了史上最大的金融舞弊行为。而受害人自然是投资者，那些买入此类标有 AAA 评级“优质资产”的欧美银行也未能幸免。但它们自己何尝不是整个虚假体系的同谋犯呢？它们被自己所杜撰的虚假“奇迹”所蛊惑，却忘了最简单的道理：看上去太美好的，往往不是真实的。

让评级机构担起责任

我们不应再容忍评级机构逍遥法外，不受惩罚的情况。2010 年颁布的《多德—弗兰克法案》已改变了评级机构的地位：它们不再享有豁免特权，而须承担自己相应的责任。

对此，评级机构立即采取措施，不再公布对新发行证券的评级，并迫使 SEC 暂时搁置了部分针对性评级规定的实施。不过这一状况在 2010 年 10 月 1 日告一段落，各机构虽心不甘情不愿，但也不得不着手分析新规定带来的法律后果，以及它们所应承担的责任。它们本该早些这样做的，因为这些新规可谓众望所归，不可阻挡。也许，它们只是想以一种更为戏剧化的模式将一种全新元素——责任制——纳入自己的业务模式中吧。

评级机构在市场中的作用是必不可少的。监管部门对此进行监督时，应更多着眼于机构所运用的评级方式，并确保其具备不涉及其他利益冲突的独立性。这些机构要重新得到投资者和公众的信服，可谓任重道远，不过它们有能力重整旗鼓。而市场信心是否能够恢复，就取决于这些机构的管理改革是否能够得到真正落实。

由 IMF 主导的主权风险评级监督体制可行吗？考虑到目前对此类评级的诸多质疑声音，这一安排还是很值得期待的。

CHAPTER 9

重新界定金融风险

除了对传统风险如信贷风险、交易风险或交易对手风险等的管理问题外，金融危机还暴露出了金融机构资产负债表所包含的重大风险。这也不算什么新鲜玩意儿，但危机却显示出此类风险潜在的高度爆发性。

在金融市场与各大机构纷纷崩塌的过程中，呈现出的是各种危机彼此纠缠错综复杂的情形。对此我们决不能心存侥幸，因为为维持金融稳态而必须加以管理的风险性质与程度都已经与以往不可同日而语。正是我们对此类风险的盲目无知，使我们对其缺乏重视抑或目光短浅，因而未能发现迎面而来的冰山。

这种轻率鲁莽的态度令许多金融机构对风险管理缺乏重视。危机之中，也有一些敢于站出来，针对不断增长的风险向其领导发出警告的“吹哨人”。[①] 在很多情况下，他们以值得赞许的勇气大声疾呼，有些人因此丢了饭碗，甚至被逐出金融圈子。而领导者对此类声音通常装聋作哑，充耳不闻，这大概就是所谓忠言逆

① 指敢于在危机中揭发弊端的人。

耳吧。

在状况较好的机构中，风险管理目前得到了其应有的重视。但风险监管，包括董事会职能的问题依旧存在。在一次国际金融协会的会议上，德意志银行的风险管理官，也是这一领域的最杰出专家之一，雨果·巴金格就提起过他就风险性质与董事会成员沟通时遭遇的困难。

系统性风险可控吗？

系统性风险之所以至今仍未受到全球范围内的金融当局重视，很大程度上缘于美联储前主席艾伦·格林斯潘对其的矢口否认。即使当风险已经近在眼前时，其继任者本·伯南克仍拒绝承认这一点。

在主要监管部门中，只有联邦储蓄保险公司的主管希拉·贝尔对政府机构出言警告银行可能面临的危险处境。至于各大金融机构，则对此次风险的警告声嗤之以鼻，甚至视之为不合时宜的无知之举。这种冥顽不灵的否认态度，其根源就在于一种曾风靡一时的思想观念，这种观念认为资本市场具备完善的纠错机制和自我风险控制能力。这种理念实质上已经破产，但仍在一些保守派圈子中流传。

我们花了整整 18 个月，才认识到金融危机的系统性，而当金融界终于对其特性予以承认时，距离雷曼兄弟、AIG 和美林证券的破产只有数周时间了。与我们失之交臂的，是几乎 1 年可以用来防微杜渐，并削减各类负债膨胀规模的宝贵时间。全球各地的央行其实都清楚此类债务负担正日益沉重，最多3个月后就可能迎来爆发。它们掌握了充分的数据，却对此无动于衷。

而事到如今，我们必须设立的是一个包含市场互联性的监管体系。仅通过衡量各种货币比率来反映当前市场状况的垂直监控方式已经不足以担当此任。如果不能将金融领域发生重大变动时对其他领域乃至地区的影响加以估算，那么等待我们的将是又一次失败。

单靠纯粹的分析或统计信息，是难以构建这种方法的。我们必须对数字背后蕴含的各种相互关系有更深层次的理解。资金流量正如其名称所揭示，具有完全的流动性。某一类资产或负债中的大规模撤资，会对其他类别资产造成立竿见影的影响。

单靠一个人可能很难对这种互联性有一个清晰认识，其需要的是集体智慧的力量，也需要面对问题的勇气，以及那么一点点直觉。在新监管规定出台后，对系统性风险的衡量已成为一种必不可少的能力。为此，需要的是市场从业者和经济学家的更紧密合作。

主要风险：大而不倒

在分析金融机构具备的系统性风险时，大家好像止于将注意力集中在其规模上。著名的“大而不倒”的辩论便是这种体现。

但如果我们对此更仔细地探究一番，就会发觉问题绝非这么简单。毋庸置疑，超大型金融机构确实可限制系统性风险发生，当其可募集存款时更是如此。因此，1000 亿美元的最低资产限定貌似不无道理。

但真正的问题在于资产和负债的集中程度。如果某个金融机构的某一特定类别资产过多，其脆弱性就会增加。因此，如果能在分析时对资产集中度和交易对手方情况加以衡量的话，就能更好把握某一风险类别的问题，并估算出其对整体的撼动力度。

因此，将对机构规模的分析与其资产负债集中度的分析相结合，就可以更好估计系统性风险。这种分析需要牵涉所有金融业参与者，而非仅针对银行。AIG 的例子就是明证。如果我们之前能对 40% 的资产集中于金融产品的保险公司所承担风险进行准确估计，这家公司就不会落到如今这步田地了。此类信息必须定期（至少每季度）汇报给公司董事会和监管部门。

规模所引发的问题并不仅限于对其的监管约束。有一个大家都避而不谈的问题是：一个规模巨大，涉及领域众多的企业，其经营本身难道没有问题吗？花旗的例子，完美诠释了管理一个金融集团的困难度。面对这样一个犹如为数众多的专卖店和百货店拼凑而成的购物中心式的存在，又该如何进行管理？

刚刚过去的金融危机，应促使我们重新审视风险管理的需求。超大型机构的触角遍及全球各地，延伸至各个业务领域，且彼此又盘根错节交缠在一起。对其的管理真的是人力可及的范围吗？这种庞然巨怪本身的存在难道不也是系统性风险的一部分吗？对这一点我深信不疑。

对流动性风险的可靠估算

在2007年的信贷危机发生前，先其一步而来的是流动性危机。这是一种极为难以捉摸，却又必须加以掌控的风险状况。所有金融危机几乎都肇始于各种形式的流动性危机。其背后突显的，是银行资产负债表的管理问题。

对这一问题，应明确处理办法，借助敏感性分析或压力测试模拟目前已知的可能引发流动性危机的情景。管理到位的银行会在内部定期进行此类压力测试。美国会公布15家最大金融机构的压力测试情况，而欧洲却拒绝这么做。直到2010年6月，为应对欧洲银行业在希腊公共财政危机背景下普遍遭受怀疑的局面，其才决定公布91家欧洲金融机构的最新测试结果。而这一结果只是令市场稍感安心，因为“最糟的情况”看来还不算太糟。

中国各银行资产价格下跌40% ~ 60%的压力测试结果看来还更为可信。其还促成了中国银行股的反弹。

对资本市场和银行间市场的依赖加剧了本次流动性危机的严重程度，在先前数次危机中，这一重大风险已有显现。对此，金融机构并未削减自身资产负债表规模，而是保持一厢情愿的乐观态度。

因此，需要以一种间接的方式对这一重大风险进行管理，即通过多种比率综合估算流动性风险。对资本及中长期融资的要求，可部分限制短期资本的借入。

虽然银行董事会更专注于风险价值，但也有必要获取对个体市场依赖度的信息。鉴于这一问题的重要性，我们必须要求金融机构公布其流动性比率，以便其股东和市场能够定期获取此类风险相关的信息。

2007 年的危机中尤其不寻常的情况是银行间的失信。如果不是央行对各银行注入流动性，这些银行可能早在 2007 年 8 月就纷纷宣告破产了。

风险监控

如何确保对金融机构所承担的多种风险实行有效且定期的监控？如何将监控结果充分披露给金融机构的执行委员会和董事会，以便其履行监控职责？

部分金融机构要花上数周才能公布其次贷相关风险的全部数据，这实在让人困惑不已。也就是说，这些机构并未构建一个可以在 24 小时内对某个全球性机构持有的大类资产的规模和性质加以完全掌握的系统。要做到这一点，首要工具就是可随时掌控风险波动的健全信息系统。而如果监管部门能够早点认识到此类系统的必要性，情况也许就会截然不同。

一旦可获得相关信息，就必须对每个风险类别设置限定。这些限定不能仅仅交给金融机构管理层，而应交由董事会探讨并批准。其应同时涵盖信用风险（如对客户类型和性质的最大风险敞口），流动性情况（对资本市场的依赖性）和资本的使用。

优秀的管理就该如上述所说。可在每次危机中，对风险管理的把握和董事会的相关职责总会出纰漏，这是金融业的锥心之痛。因此，有必要在董事会中设立某种形式的“风险委员会”。该委员会每个季度至少应分出一整天的时间来处理相关问题。

风险透明度

是否有方法能够在披露风险的同时，又不泄露可能危及公司竞争力的信息，从而实现真正的透明度呢？即便你是透明度的坚定倡议者，也须承认其应有局限性。在透明度与竞争风险之间，应维持恰当平衡。

金融机构当然需要在其年度报告中公布每年的“风险率”。这不仅是对当年度风险的阐明，更能够显示出与去年相比这些风险在全年的变化状况。通过阅读年报，就可以获得此类信息的集中性概括，而不必自己费力一个个去拼凑。机构至少应该在年报中给出市场风险、流动性风险和监管风险，并对其进行行业和地域的划分。

此外，还要加上如何对各类风险进行资金覆盖，以及相对于市场规模的估计资金需求等相关信息。如果衍生产品、CDS（信用违约掉期）及其他有毒资产能提供此类信息的话，那股东们就能够对这些产品的银行依赖程度、与具体业务关系以及外部融资情况等有更明确的认识。也许，透明度的改进能让投资者更为审慎。

要做到这一点，需要货币当局和市场监管部门齐心协力，且在跨国层面上加以实施。全球所有的金融机构都应同舟共济，共同进退，并充分认识到这一风险信息的重要性。还有其他信息比这更至关重要的吗？然而时至今日，这种“集中性概括”仍与金融机构的股东无缘。

构建风险防范意识

金融危机是一场风险管理危机，也是一场意识危机。

这一主张正愈发得到银行家自己的认可。在2010年6月于维也纳举行的国际金融协会（IIF）春季会议上，业内人士专门围绕这一问题进行了小组座谈，并一致公认“构建风险防范意识”是改革的要点所在。为了让与会者认识到这一要求的重要性，由“强化金融机构与国际资本市场”专题协会公布的报告，成了那些迫切需要抓住问题要领者，尤其是各金融机构主管的必读读物。自2009年7月起，IIF倡议对这一领域进行改革。改革的关键，就是构建一种扩展至多个层面的真正“风险治理”。

首先，银行风险管理经理一职的地位应得到提高：最优情况下，风险管理者直接向CFO（首席财务官）报告，最差则向内部控制部门主管乃至其他部门主管汇报。现在风险管理经理参加银行执行董事会的情况正日渐普遍。这并不仅是做做样子，而是反映出相关意识的改变。对此，一名谈话者举了个例子，他的一名同事每年只能接触CEO一次，而他分管业务的同事则每周都能见到他。相比之下，德国监管部门则给予风险管理经理以否决权，可直接对他反对的高风险项目说不。

改革的第二个层面就是执行委员会本身。银行管理者应承担的是所有资产负债表内和表外的风险，包括流动性风险、债务风险，以及其他任何类型的资产风险。即使所谓责任划分，也不应让执行委员会成员产生自己可从关键风险决策中免责的想法。

在上述两个层面生效的措施也需在董事会层面加以落实。必须成立区别于审计委员会的风险委员会（不管其名称为何），其职责就在于对风险进行审查。而要达成这一职责，每3个月开2小时的会显然不够。这一委员会即便不是全部由在金融领域有着真才实学的独立董事组成，也至少应大部分如此。管理层则充当评判者和当事人，无论自身客观性如何，其都必须将可能承担的风险提交给专门为此目的而设的董事会成员。这可能将是金融专家的重要性最为突显的委员会。

IIF的建议是："管理层必须在评估风险防范意识的过程中发挥积极作用。对其必须加以积极检验和质疑，保持客观以促进改革深化，并鼓励其实现可体现公司战略目标的持续提高。"对此我们应举双手赞成。

多数银行在危机后已对自身风险管理状况进行了严肃评估和切实改革，因为这关乎它们的切身利益。而以风险中介为主要职能的金融机构面对这一问题更不能表现得轻描淡写。要达成相应改革，很可能需要给那些热衷于拓展业务，大量消耗资产或引发风险高企的狂热分子好好降降温了。

CHAPTER 10

监督资本市场：关于对冲基金

对资本市场的监管是否有效？

鉴于此问题的复杂性，我们只能说世事无完美，监管也是如此。但也不必因此将事情想得过于复杂。要实施有效监管，就要构建对具体业务进行监督的相应制度框架，且其监督对象不能仅限于某种特定类型的机构。目前各种管制监督部门可谓五花八门，叠屋架床，连金融机构对此都抱怨不已。事实上它们已经学会如何“利用”这种繁多杂乱的监管状况来为自己牟利。然而，虽然机构数量繁多，但没有哪个监管部门能够掌握那些在全球范围内经营业务的金融机构的全部完整信息。没有哪个部门能够掌控高盛或法国巴黎银行的所有业务活动。究其原因，部分在于这些大型全球机构并不主动提供这些信息。但各监管部门自行其是，支离破碎的报告体系令试图解读此类信息者身处盲人摸象的境地。

因此，设立一个负责汇集信息情报的单一机构将颇有助益。回想一下希腊的例子吧，政府低估了自身债务规模，还通过一定的“伎俩”隐瞒少报债务。如果我们有全球数据库，或至少欧洲级数据库，就可以在数据库中对这一信息进行验证。

这种举措显然能大大提高信息可信度。如今，一些相关信息已得到披露，但仍被地理区划和机构种类所分割，缺乏全局性和完整性。建立单一信息机构，不仅有利于信息收集本身，更可促进对信息的智能化管理和分析。其通过统计学家、经济学家和从业人员的合力，让我们真正一窥问题的全貌。

通过审视对冲基金问题，我们可对这一监管体系的范围和职责进行一定程度的衡量。

对冲基金是威胁吗？

如果说有一类金融机构被妖魔化程度最甚，已到了令其百口莫辩的地步，那么无疑就是对冲基金了。作为一种操作对象为上市证券的投机商，对冲基金的行为给人的印象是既充满危险又不负责任。我们很难对其作用进行客观分析，且许多对冲基金早已被清盘。金融危机中，我们“金融宇宙飞船”中隶属对冲基金的这一层级不仅自身动摇，还将风险扩散至其他各个层级，令后者也愈加脆弱不堪。

对冲基金的历史可以追溯到 1949 年，但其真正初成气候，可以在金融领域内呼风唤雨，不过是最近 10 年之事。而与影响力一并增长的则是其狼藉的名声。在 2008 年的巅峰时期，对冲基金手握 2.5 万亿美元的巨额资产，举手投足之间，便可对整个金融领域产生巨大的影响。

而当资本市场突然崩盘，导致这些对冲基金的投资资金短期内大幅缩水时，其便开始进行大规模资产清盘，其中不少基金还中止了投资者的赎回权。令人记忆犹新的，正是贝尔斯登旗下三支基金中止赎回权的决定成为了危机爆发的导火索，随后法国巴黎银行数支基金也步其后尘，从而令形势进一步恶化。

按照其字面解释，对冲基金的用途是通过“对冲”规避特定风险。但我们显然已离此初衷十万八千里了。对冲基金初来世上时，风险覆盖尚不普及，也算生逢其时；而如今，这些对冲基金却已几乎不再参与风险规避了。

近 10 年来，它们不断蜕变，已成了一种与最初情形迥异的模式。首先，基金投资组合几乎涵盖了所有你能够想象的金融资产类别。不过这些资产有着极其相似的特性而鲜有例外，其本质上皆为流动资产，比如上市公司股票、债券、衍生产品、结构性产品、商品期货以及货币。因此，对冲基金就是通过短期持有资产来寻求长期收益的市场参与者。

行动型对冲基金

部分对冲基金进一步扩展了自身业务领域，有时甚至转型为“行动主义者”。例如，这些基金会对那些经营成效不佳的公司进行投资。随后它们会诉诸各种手段：恐吓、勒索、价格操纵和投机买卖，为了获得回报可谓无所不用其极。

对冲基金的经营模式并不需要其付诸行动。将此类对冲基金的角色与“行动者协会”（Association of Activists）相混淆也是错误的，后者的目的是召集股东并以行动来维护股东权益。

并不是所有对冲基金都会积极诉诸行动。但是行动型基金的所作所为却大有“一粒老鼠屎糟蹋一锅粥”的味道。它们对公司业务的横加干涉，对媒体的利用，以及对全体股东大会的恶意干预，都将对冲基金的形象抹黑成了满脑子短期利益的投机商。在寻找具有增长潜力的资产的过程中，部分对冲基金很快盯上了贬值证券。其认购的股份百分比一般低于需要进行透明度申报的水平。这样一来，其行动就可以躲过监控。行动型对冲基金也经常通过与其他行动型基金协商后诉诸共同行动。在某次对冲基金的座谈会上，基金高管们对加拿大不吝溢美之词，只因该国信息披露的持股下限是10%，而不是5%。

它们的目标理应是改善被收购公司的管理，但当股价回升时，它们就会抛出自己的股份。这并不妨碍它们堂而皇之地要求董事会席位，虽然实际上并未真的试图参与其中。

另一种恶意行为就是利用卖空。它们会大规模卖空银行，使其接近破产边缘，并促使政府进行干预。它们在此类行为中所表露出的玩世不恭，令自己作为市场参与者的声名丧尽，让人们将其形象比作觊觎弱者的豺狼。

在进行并购套利时，其所作所为更加丧心病狂。这还不是对冲基金的专利，投资银行同样颇善此道。这种“套利”行为最初只是对随着并购而发生价格变化的股票进行买卖来进行，但之后就被这些“行动主义者”纳入自己的武器库，用以寻求对交易本身产生影响，只为满足其短期增值的目的。

每当某个企业或政府遭遇困境，这些基金就如同食腐的秃鹫一般一拥而上。它们是主要的卖空者，在贝尔斯登、美林、雷曼兄弟及其他机构倒闭的过程中，都有其身影闪现。在它们散布的虚假传言或多方围攻（可能并非同时发生）下，没有金融机构能够幸免于难。行动型基金奉行的是勒索犯的原则，它们只为自己而活，唯一关注的只有自身的短期利润目标。它们也并不担心所投资企业的经营状况，只要这些企业的领导人以迎合这些基金短期利益的方式经营企业即可。

长期资本管理公司和俄罗斯债券危机：被忽略的警报

长期资本管理公司的倒闭和接受救助的情形，要回溯到 20 世纪 90 年代末。然而其在诸多方面都堪称典型，尤其是面对可能的系统性风险时，竟未能采取任何严格监管措施这一点，可说是对市场抱持盲目信心的再明显不过的体现。雷曼兄弟若在其处境之下也难以幸免。只可惜我们始终对这些警报信号置若罔闻。

起初，许多对冲基金都不乏对业内高人的狂热崇拜。关于对冲基金自我意识的重要性，大有文章可作。长期资本管理公司（LTCM）的创始人是原所罗门兄弟公司债券业务主管，被业内誉为此间高手的约翰·梅里韦瑟。在这个互相吹捧的小圈子里，他也算颇有名望。正是依靠自身这种名望，以及在定息债券交易中累积的丰富经验，使他得以在 1994 年为其所创基金聚集起 10 亿美元资本。

到 1997 年底，临近 LTCM 崩盘前夜，其管理资产已超过 70 亿美元，而其中仅 27 亿美元最终返还给投资者。LTCM 在以卢布记账的俄罗斯政府公债上下了重注。因此，当俄罗斯卢布贬值，并对高达 2810 亿美元债务推迟偿还时，LTCM 便栽了大跟头。1998 年 9 月 1 日，LTCM 的资产已缩水至 20 亿美元，到 22 日，更是骤降至 6 亿美元。交易对手已对其失去信任，最终的破产局面无可挽回。

这些基金都极度依赖银行为其提供资金，而后者是否供资则基于对前者资产的估值。如果其资产价值下跌，银行就会要求更多抵押，并加速其崩盘。美联储最后紧急召集了 LTCM 的出资银行，并让它们以 35 亿美元的救助资金收购了 LTCM90% 的股份。

包括主席马蒂亚斯 · 卡比亚瓦雷塔在内的三名瑞银（UBS）高管因此事引咎辞职。然而 10 年之后，UBS 再次因次贷危机而弥足深陷，这一事实值得我们深思。

克林顿政府从此次危机中学到的教训经总结后由白宫在其研究报告中公布。其以下关键结论清晰无误：

· 债券投资组合对这些资产的市值尤为敏感；

· 流动性本身就构成风险因素；

· 金融模型必须在模拟危机场景下测试，并通过复合压力测试；

· 金融机构必须将其在同类资产上的风险一体化，以便进行监管。

意见条条在理，就是不见落实。10 年之后，各大金融机构在危机之中重蹈覆辙。而对冲基金至今未受到监管。

Amaranth 基金因天然气价格巨亏

第二个破产案例离我们更近一些。Amaranth 这个名字已经让不少投资者为之痴狂。其对应拉丁文为“Amaranthus”，意即“不落之花”。只可惜这个名称里透着的狂妄自大，并没有使这家公司走得更远。

这家由尼古拉斯 · 马奥尼斯创立的对冲基金，其在 2006 年达到巅峰，管理资产达 90 亿美元。然而就在同一年，因对天然气价格上涨的大量投机失败，公司承受了 60 亿美元的巨额亏损，并最终被拖垮。这次投下重注的是该公司一名专职加拿大能源产品期货交易的交易员布莱恩 · 亨特。这次交易令 Amaranth 成为史上损失最大的对冲基金，总额达到 50 亿美元。当然，我们也不能只看其失败的一面，就在一年前，这名交易员还因为卡特琳娜飓风期间对能源价格的投注而为公司赚进 10 亿美元的暴利。这使他一举成名，从此摆脱了任何对他的限制。不过他之前在德意志银行的经历算不上辉煌，他还曾控告银行扣发奖金。估算其操盘的石油期货合同的面额较为困难：我的估计是 500 亿美元左右，但尚未得到确认。这一估计只是基于债务为资本量 8 倍的假设。

在这一案例中，两个情况令人震惊：首先，基金完全缺乏透明度，其业务领域转变也不曾告知投资者。先前，Amaranth 专攻的是股权可转换债务套利交易，和其后的能源期货可谓风马牛不相及。

其次，该公司的迈克尔·马奥尼斯和布莱恩·亨特都因涉嫌市场操纵而遭到 SEC 追查。美国监管部门曾对布莱恩·亨特处以 3000 万美元的罚款。他试图将此事诉诸法院，但也不了了之。

对冲基金行业最近一次的丑闻发生在由史蒂芬·科恩创始的 SAC 资本身上：该公司通过大规模内线交易进行投资。其管理层因此被定罪，但不知为何，基金创始人反而仍逍遥法外。

对冲基金的融资者：大宗经纪

伴随着对冲基金的发展，一种不为公众所知的业务正在兴起，这就是所谓“大宗经纪”（Prime Brokers）。该业务具有多重职能，其中也包含各种服务。大宗经纪提供的服务有促成金融支付、管理金融资产、对金融业务提供财务报表等，是一种证券的托管人。

但大宗经纪也给对冲基金借款。这本该是个安全的业务，却最终变得危险起来。由于对冲基金增加了其债务使用，便求助于投行或存款银行为其提供贷款。银行的资产负债表规模决定了其放贷能力，因此大宗经纪通常为商业银行。不过，像摩根士丹利这样的投行在与德意志银行、花旗银行、摩根大通及其他商业银行的竞争中也曾经占优。

可惜其银行业务的脆弱性使得这一局面不复存在。在雷曼兄弟倒闭后，摩根士丹利也深陷投机漩涡无力自拔，其客户担心万一摩根士丹利倒闭会殃及自身而纷纷提出存款，也使得摩根士丹利难以再维持自身优势。

那么如今把持对冲基金融资渠道的各大商业银行当时有何举措？它们在2007年到2008年间减少了介入，不过仍保留了大宗经纪的渠道。到2009年底，这些银行便开始增加对对冲基金的贷款。

这也是为何尽管在18个多月里发生了大规模撤资，其规模甚至超过1万亿美元，达到对冲基金总资金半数以上，可是对冲基金的倒闭数量却相对较少的原因。银行与对冲基金此时是唇亡齿寒的利益共同体，一旦对冲基金破产，其造成的雪球效应很可能令本已面临危机时刻的银行的处境更加岌岌可危。

债务水平方面，虽然不知道具体数字，但貌似还维持在3倍于其股本的合理范围内。但对冲基金市场的规模就不得而知了，其也应包含银行自营交易。

由美联储前主席保罗·沃尔克提出，并由奥巴马总统在2010年7月21日正式颁布的解决措施，即“沃尔克法则”的一大明确意图就是限制银行内部对冲基金的风险。这看似只是个学术问题，但实际上确是围绕银行资产所进行的这场辩论的核心所在。多德—弗兰克改革限定银行对对冲基金的投资不得超过自身股本的3%。这一措施仅针对金融机构自身账户所持基金，但不限定其代管的基金。因此摩根大通可以继续掌控这些基金之中最大的一家：高桥资本。但其并不能购买巴西的对冲基金。

让我们更进一步，仔细重审一下银行给对冲基金融资的情况：限制银行的债务水平，并促使基金自行在资本市场上举债筹资的做法很有必要。此举还有一个额外好处：通过债券招股说明书，让这些基金真正实现资金透明化。甚至还可对其进行评级，以使投资者辨别这一神秘行业的真实品质。实现这一点的关键在于，将银行对此类基金的融资限定在其资产负债表的一定可容许比例以内。

如果对对冲基金来自银行的融资未加限制，银行体系面对投机活动时的脆弱性就会暴露无遗。对冲基金的管理、对金融机构的管理是一个各方论据相对完备的问题，且已经采取了不少措施来对此加以改善。事实上，如果只有银行接受监管规定约束反倒奇怪，须知商法条款对银行和对冲基金可是一视同仁的。

在资本市场领域，其主要参与者也必须遵守管制与透明度相关的更严格规定。对冲基金曾拼命试图逃避公众审查，有时即使是来自其股东的审查也想尽可能规避。一些对冲基金甚至连网站主页都没有。为切实改变这种不透明的经营模式，相关的立法已经得到通过。国际证券委员会组织（IOSCO）的未监管机构技术委员会已就所需公开信息的格式和级别达成一致。

欧洲和美国都将采取措施，确保对对冲基金的监管。在美国，目前已有 16000 只基金处在 SEC 监管之下。而且新规定要求对冲基金董事会必须包含独立董事。最新调查表明，对冲基金董事会存在渎职，且独立董事也未能实施有效管控。这是个棘手问题，因为有能力解读对冲基金业务，且愿意加入其他公司董事会的专业人士真的十分稀少。

欧盟的对冲基金监管新规

欧盟目前面临的一大恼人问题就是对冲基金监管的试行规定。法德政界人士对此的表态很明确，那就是遏制伦敦金融城的作用，并与“盎格鲁－撒克逊式资本主义”进行坚决斗争。[①]但实际上，欧洲大陆的政治领袖们在此问题上可谓动机不纯。德国总理安格拉·默克尔当时正与两只主要对冲基金争夺德国证券交易所的掌控权，并称后者为“蝗虫”。这就是对冲基金在欧洲人眼中的印象。私募基金 JC Flowers 在慕尼黑海波不动产（Hypo Real Estate）破产一案中的作为，使其与德国政府发生正面冲突。

照此而言，新监管规定的动机也十分引人怀疑。还记得当法国人米切尔·巴尼尔成为负责欧洲内部市场的欧盟委员时萨科齐总统的话吗：“现在该是法国人管理伦敦金融城的时候了。”对这位新任欧盟委员而言，总统的此番发言简直是给他使绊子。结果他对金融城的访问遭到冷遇，本应起到的作用也被削弱。不过英国政府的改组为消除这种分歧带来了可能。2010 年 6 月，相关监管原则得到采纳，尽管其可能对欧洲 80% 的对冲基金所在的伦敦金融城及其主要上市地点都柏林证券交易所带来一定风险。

欧洲大陆对对冲基金的排斥是最为强烈的。但这种排斥也导

① “盎格鲁－撒克逊式资本主义”即指英美式自由资本主义，与德日为代表的“莱茵兰式资本主义”相对立。这种分野最初于 1991 年由法国学者米歇尔·阿尔贝尔提出。

致了对其的妖魔化，并使欧洲人错误地以为，只要对这些基金加以制约，就足以恢复金融秩序了。这当然也并不正确。对冲基金在所有金融市场参与者中的比重并不高，且真正优秀的对冲基金的职业操守和责任感还是应该肯定的。

欧洲在这一问题上，可谓是只看到了表象，却未能深入了解其来龙去脉。在欧洲，并未颁布沃尔克法则之类的条例。欧洲银行也仍可经营内部对冲基金。也因此，它们从中期来看要比其美国同行更为脆弱。

伦敦金融城正在担心大批对冲基金就此离去，迁往瑞士的日内瓦或苏黎世。我不认为这有什么大不了的，瑞士方面应该也会对此妥善应对，不至于因为监管松懈而再次令自己名誉受损。而且从我自身与一些对冲基金经理的接触来看，他们并无意撤离金融城。

新管理条例的内容包括众多措施，其目的就是确保对冲基金接受审查。但是，其实各成员国已经在进行这方面的审查了。因此，条例只是给出大体方针，而具体实施还是交由各国监管部门进行。问题在于，即便每个国家都设立了此类监管部门，但其实施干预的法定权力却各不相同。其实施处罚或将规定付诸实施的能力也是大相径庭。

这些管控的共同目标就是实现这些基金对监管部门和投资者的全透明。令人惊讶的是这些对冲基金对透明度要求是多么地心不甘情不愿。

对此的争论还远未结束。这种改变必然伴随着更为严格的规管措施，对此自然是有人欢喜有人愁。

对冲基金的未来

对冲基金正不断成长和提高，引得银行愈发渴望为其提供资金。这种基金的存在完全合理合法，对此我们并无异议。重要的是通过对此类基金业务不断增强的监管来将其置于严密监管之下。

于是实质问题就成了，这些基金的管理者们是否愿意以一种更为公开，也就是不再遮遮掩掩，而是更为坦荡的方式去进行这场金融的游戏。

几年前，那些位于伦敦的基金已就此类原则达成了一致。但这并未改变金融城内脆弱的基金现状。基金管理者们应意识到，对其过度膨胀的自我的限制符合基金自身的利益，而要获得更为正当合法的业务资格，就要在自身的职业度和透明度上下功夫。若能如此，将会引发一场真正的革命。

当危机的硝烟散尽，对冲基金们将不得不决定自己会面对何种未来。如果依旧诉诸黑箱操作，那它们就不可能获得信任，并将继续被视为危害经济的“蝗虫”。它们还需选择，是继续如一些管理者当下所表现出的那般妄自尊大，以致令整个行业蒙羞，还是转而秉持一种更为持重，也更能为人接受的行事态度，一种与其特定类别投资信托的身份相符合的态度。

CHAPTER 11

让咨询顾问言而有信

CHAPTER 11
让咨询顾问言而有信

一个名叫穆里尔的法国人曾在1568年说过：“顾问可不是最后掏钱的人。”如今440多年过去了，但这一点基本未变，金融界人士仍时常顶着顾问的头衔招摇撞骗。在可以预见的未来，情况估计依然如此。

但是，有许多顾问如今为金融“大佬”们工作，其言行具有相当的影响力，但相关合同只规定他们须对诈骗行为负责。也就是说，他们犯什么错误也纯属巧合，咨询人在任何情况下都无可指责，更别说赔偿损失了。在金融危机期间如此，现在亦如此。

然而，这些顾问实际上责任重大，且其对自身在金融领域所发挥作用负有明确责任。正是这种责任使得决策者认可顾问的咨询职能，并相信这些咨询者的推论虽未必无私，但至少还算坦率。冒着被指责为自身利益辩护的风险，我在这儿要给一句至理名言：免费意见的价值就是“一文不值”，否则它就不免费了。就像比利时歌手雅克·布雷尔在歌里唱的：“真正的婊子让你事后付钱，而不是事前。”在商业世界里，没人会给你免费意见。当然，这并不意味着咨询顾问为获取客户对其提供的各种复杂的，具有高度启迪性的意见是无价值的。

投资银行人士的“公平意见”

荣耀归于荣耀者。

在金融危机的大背景下，如果说有一类顾问饱受诟病，那肯定就是投资银行人士了。不管其是独立投行还是隶属商业银行的一部分，均难逃责难。他们的咨询业务以高品质著称。在其拓展业务，尤其是吸引大客户时，投资银行会提供高质量的，经过深入研究而得来的分析，并分享相关经验。投资银行如果能够诚信营业，应该能获得崇高的业界声誉。

但他们提供给客户的那些复杂建议却并非公正无私，即使是免费的。任何交易或托管要做成生意，关键显然是向客户展示其投资时机和资金最好的一面。至于相关“费用”，你只需问问懂行的首席财务官，了解一下他们的想法就明白了。

最明显的例子就是私有化。政府邀请投行们“竞争”某个颇有声望，且通常都是报酬偏低的项目，投行其最终目标是为这些将被私有化的工业或金融企业股份进行初次公开募股（IPO）。交易报酬按交易量百分比收取，因此可达数百万美元。

在此我忍不住要分享一则个人经历：当我在摩根士丹利供职时，我们曾“受邀角逐”对法国商业信贷银行的私有化。接待银行家团队的是旺多姆广场上富丽堂皇的舒瓦西酒店，这里后来成为土地信贷银行的所在地。各个团队被陆续召入，有时还要在等候室中稍待。一个由法国高官组成的“评委会”接待了我们，并对我们进行了一次面试。

在这次面试的问题中，令我记忆犹新的有两个，是关于法国商业信贷银行的一个附属小银行 Banque Chaix 的。问题分别是：该银行何时成立？其办公室位于哪里？（我们回答是阿维尼翁，不过实际是尼姆。）我不认为我们之所以被淘汰是因为答错了这个问题：要知道我们曾建议法国对阿尔卡特进行私有化（后来的阿尔卡特·朗讯），并建议其收购国际电话电报公司（ITT）的通信资产，在这方面也算行家里手。于是，你可以想象与我们同行的美国同事们听到这些问题时有多么震惊，他们本以为自己要面对的是摩根士丹利如何管理私有化并确保交易有个好价钱之类的一连串专业问题，结果却遭遇了知识问答。好在我们两名欧洲同事对此早有预料，并客串了一把竞猜选手。

投行的咨询模式很自然地会导向对其的交易委托，这已经不是什么潜规则了，政府和企业对此也是心知肚明。即使表面上还有所遮掩，但也是显而易见的。因此，问题在于这些咨询意见的诚信度如何。银行几乎从不会赔偿其对客户的误导所造成的损失，而是让客户迷失在互换合约的迷宫之中。美国奥兰治县和意大利市政公债都曾因此蒙受巨大损失。

当我担任纽约证交所国际组主管时，还记得一次中国某大型石油公司领导的访美之旅，其目的是为公司股票在纽交所寻求定价和上市。该公司总裁与投行的会议在下午 5 点开始。双方已约定在第二天上午，在纽交所久负盛名的会议室里按照惯例共进早餐，商讨IPO事宜，美方还邀请中方敲响开市钟，可以说万事俱备，只欠东风。可到了晚上9点，权益资本市场部的领导人却在自己四季酒店的房间里约见中方主席，称由于对这笔业务缺乏兴趣，其将中止中国公司的相关操作。原因很简单，为中方公司给出建议的部门，并非需用自身损益账户承担交易责任的部门。后来，当我在北京与这位已成为某省省长的中方主席共进晚餐时，不得不向他解释为何大银行也会发生这种不可原谅的过错。1年后，在另一家投行主持下，该公司的IPO得以实施。

在企业并购行为中，所谓"公平意见"更是意味深长。这一般是指顾问投行对收购、合并或出售的官方意见。此类意见的提供方通常是作为中间人参与交易的投行，如果交易成功，其就可获得数百万美元的"成交费"。这当中有着再明显不过的利益冲突。因此必须保证这一提交给董事会的观点是来自一家独立机构，而不是就并购谈判给出建议的银行。现在董事会已更多要求获取其他来源的意见。

公平意见已经丧失了存在价值。当其由外部专家提供时，通常失之简单，且极少与投行意见相左。造成这一状况的，不仅是大型机构的垄断，也是因为公司总是希望咨询意见的代价越低越好。管理层当然不想听到可能的异议，而董事会似乎对现状也无不满。

在纽约，首席检察官艾略特·施皮策曾对此类行为进行过数度干预，他可说是长期以来对抗华尔街种种恶行的顽强斗士。遗憾的是他还是过早卸任去担任纽约州长一职了。值得庆幸的是，正是由他颁布了规定，禁止主要交易资本市场运营机构的分析师参与相关“推广活动”（著名的“路演”）[①] 并勒令其不得对交易的财产有效性予以置评。分析师的职责，应是对投资者给出建议。

这一体系呈现过度小团体化的倾向，参与其中的几家寡头彼此都不愿意拆台。真正能给出决定意见的独立咨询顾问职能应来自完全置身这些交易之外的投行，且咨询费用不能与交易相关联。

来自律师的合法认定

某种程度上，我们都是“律师帝国”的阶下囚。

外部律师所扮演的角色正日益遭受质疑。不过，尽管如今人人都能自称是投行人士，但在多数国家里，律师职业的门槛都是高高在上的，其数量也是严加控制的。这个行业需要的是严格培训，以及对其权利义务的明确规范。

律师获得酬劳的方式与投资银行人员截然不同：多数银行人士在咨询阶段并无报酬，通常需要促成交易才能收取酬金，而律师的酬金却是按小时计的。也就是说，不管交易结果如何，律师的工作酬劳都是根据其分配给项目的时间决定的。他们对何时“结束”交易的动机与银行人员有本质不同。

要探讨广义上的律师责任相关问题，显然非本书篇幅所能及。

---

① Roadshow（路演）是国际上广泛采用的证券发行推广方式，指证券发行商发行证券前针对机构投资者的推介活动。

所以我们在此仅仅聚焦于律师在金融界内所扮演的核心职能问题即可。我们要探讨的不是其在法庭上的滔滔雄辩，而是其针对某笔交易、某项业务或某个法律问题给出的“合法认定”。

围绕此类认定有诸多争议，其中最为骇人听闻的就是政治认定了。也就是由美国司法部的法律部门给出的合法认定，其使刑讯拷问合法化的做法明显是对《日内瓦公约》精神的违背。对此，政府方面则宣称一旦涉及恐怖主义，就不是公约适用范围了。律师职业为此已令自己名誉大为受损，并使相当一部分民众认为，从律师那里可以得到任何你想要的认定。这还真是一大讽刺。

但因此就对律师的作用加以全盘否认也是荒谬的。必须承认，虽然这些合法认定价格不菲且通常只被看作“必要之恶”般的存在，但我们的社会如果少了律师的建议将无法运转。这些意见中的多数还是秉持职业道德和诚信的。

真正棘手的问题是这些合法认定的实施：律师在多大程度上对自己给出的意见负责？他们又是否能被起诉？事实上，几乎没有律师因为错误意见而接受什么处罚，即使只是经济上的处罚也不曾有过。造成这种情况的原因不止一个。

首先，相比金融家，律师对司法程序的漏洞及其相关风险可是熟悉得多。他们会试图通过庭外和解方式解决与客户的分歧，结束争议而规避结果难以预测的审讯。可能他们对法院的知根知底使他们倾向于避免此类风险。

除此以外，还有一个更为根本的原因：合法认定的起草过程通常针对政府决策者和董事会而量身定做，需要像珠宝加工一样精工细作。其仅适用于特定案例的严格限定条件。律师们并不会给自己的意见加盖认证章。因此一旦发生问题，他们总能辩称是因为情况有变，或者自己的意见被错用在了其他情况下。

这种模棱两可通常会导致那些非律师出身的执行委员会委员和董事会成员困惑不已，他们对此类意见无比崇信，不一定能理解适用限制之说。

那些让数以百万计的消费者在他们根本难以理解的抵押贷款合同上签字画押的营销行为就是在埋下一颗颗定时炸弹，这本是显而易见的事。可律师只要看一眼其所用文件和销售方式，就可以毫无顾忌地断定这种行为的合法性。

我们可以看看这些限定：律师事务所并不会提供良好信誉之类的证明，在这个行业，有恪守道德的企业，但也有毫不犹豫地坑蒙拐骗的。所以律师的价值与信誉高度依赖其所提供给客户的意见的诚信度。

为安然瞒报债务出谋划策的律师事务所从未被起诉。在此案例中，律师事务所的领导甚至还是安然董事会的一员。协助高盛对希腊债务加以掩盖时的律师也一样从未被起诉。他们跑去伦敦获取有利意见，据其所说是因为美国律师不愿意提供支持。

对律师责任的强化将是对该行业大有助益之举，但却极其难以实现。律师自己会比其他人都更急切地证明，肩负的责任越多，那么他们就越不愿帮助客户而只想置身事外，这将扼杀创新和增长。不幸的是，这些话虽并非全错，但目光不够长远。律师责任的增加总会引起过度的谨慎。我们只能希望在危机之中令整个律师行业声誉受损的丑闻可以让律师们好好躬身自省，并对此亡羊补牢。

审计师的账目认证

账目认证对于企业的运营绝对是必不可少的。其初衷是让那些无法信任公司自己所制定账目真实性的贷款方、投资人和交易对方解除疑虑。多年以来，我们始终依赖各种形式的审计师。

可以说是内部审计师团体的构成问题导致了外聘审计师的出现：前者通常是公司前高管，以此赚取一点养老补贴……他们的服务倒是保证便利。遗憾的是，最初打造这一模式的八大美国会计师事务所如今只剩下四大。而欧洲由于一直没能够在另一种模式上达成一致，因而与国际会计准则的决策领导权失之交臂。

在安然丑闻后，美国将会计职业的监管从依靠自律改为由公众公司会计监督委员会（PCAOB）负责，后者是直接向 SEC 汇报的政府机构。

国际财务报告准则（IFRS）的采纳实施彻底改变了原先的状况。各大主要经济体首次共同参与到这一雄心勃勃的项目中，致力于将各国公司会计的不同方面统一到一套基本一致（但并非完全相同）的业务处理准则之下。此举也让美国可以不再要求在美国上市的外国公司账目必须遵从美国的一般公认会计准则（GAAP）。可惜此举不足以换回 2002 年实施的《萨班斯－奥克斯利法案》，对海外公司在美国上市造成的不利影响。

曾经在这一领域呼风唤雨的领军企业安达信如今何以消失无踪？这背后的事实给各大会计师事务所敲响了警钟。安达信曾为安然的会计操纵行为出谋划策，后者的会计部门几乎全部来自原安达信高管层。安然对其许以重金，要求他们“创造性”地找出一个借助子公司和金融工具掩盖债务的“合法方式”，也正是这种钻营最终使安然走向毁灭。面对这一情况，司法部毅然决定起诉该会计师事务所。可是，虽然安达信的合伙人对巨额资金的损失负有不可推卸的个人责任，但他们只要申请破产就能拍拍屁股走人了。他们本应承担高得多的个人风险。

如今，会计师事务所的处境已进一步明朗化。审计事务所被要求将其咨询业务分离出去：因为它们当咨询顾问挣的钱比当审计师挣得更多。他们在税收咨询及其他咨询业务中与顾客建立的财务依赖性会对其客观性造成负面影响。

但还有一个棘手问题：会计师事务所往往面临审计大金额的账目。如果盘账导致公司破产（安然的例子），那会计师事务所就可能首当其冲被追索，但问题是事务所本身的财务能力有限，解决这一问题的唯一可能方法就是专业保险制。但是会计师事务所业务的风险水平若要承保，保费可能是较高的。这笔费用无法转嫁给总是想削减账目审计成本的对象公司。

矛盾的是，虽有必要推出限制此类责任的立法，防止审计事务所的无限连带责任，而每个国家情况又各不相同。作为法国对此立法问题的亲身参与者，我深刻体会到，即使不在全球层面，也应在欧盟层面尽快出台监管规定，形势刻不容缓。有必要对审计事务所的责任加以描述，明确其界限，以避免更多破产。

我们所需的改革，是促使审计事务所抛弃那些会对账目带来本质性篡改的所谓“会计创新”做法。在雷曼兄弟粉饰其500亿美元债务一案中，安永扮演的角色十分可疑。雷曼兄弟大量用到一种称为“Repo105”[①]的会计手段，而此类手段的实行要求审计师积极配合。

在全球范围内，有必要建立一套普适性的国际准则。美国曾试图建立一套对会计业务的监管机制。

但中国拒绝接受此类监管。对于这些监管准则的是非曲直我暂且不论，但多个在美国上市的中国企业破产的案例已表明，这些公司虽通过外国控股公司实现上市，但在中国却不受监管。

意见的价值

无论是何种咨询意见，都需要建议方具备专业资质和诚信态度。其还必须与其他事务相分离。例如就很有必要禁止审计师提供相关咨询。因为咨询职能的收入远高于审计本身，两者混一必将损害账目认证的客观性。有谁知道，埃森哲曾是安达信的咨询部门？评级机构也已与评级相关咨询职能相剥离。

当今的世界不应再有哪怕一丁点利益冲突的征兆。而投资银

---

① “Repo105”就是用价值105美元的固定收益类资产作为抵押向交易对手借入100美元现金，并承诺在约定日期（通常为7至10天）将这些资产进行回购的会计手段。雷曼兄弟通过这一方式进行子公司间的内部回购，以此达到降低自身净杠杆率，粉饰资产负债表的目的。

行由于身兼顾问、交易员、投资者和做市者等多重身份，可以说深陷利益冲突的旋涡之中。危机之中，相关道德准则已荡然无存。现在是时候重新回归咨询的初衷了，也就是帮助客户做出他们自己的决定。

对此，相关从业人员应再次扪心自问，“诚信经营”是否已不再是他们的存在意义。而且即便其可以逍遥法外，但卷入这场“金融豪赌”，到底是为他们自己获取更多利益的“明智选择”，还是自毁声誉，并最终断送自己前途的愚行呢？

CHAPTER 12

全球维度

CHAPTER 12
全球维度

虽说金融危机造成了全球性冲击，但主要还是发生在北大西洋地区。世界其他地区虽也遭遇挫折，但并未大量投资于有毒资产。不过，如果你前往亚非拉地区，可别指望就危机得到他们的同情。

以往的金融危机从未能像这次一般，造成如此迅速和深远的国际反响。毫无疑问，金融行业也已具有全球性。但不容忽视的是，金融（以及经济）的全球化却并未伴随相应制度的构建和完善。政治力量依旧只在国家层面有效，也没有真正意义上的国际秩序可以制定金融游戏的规则，推行规则就更无从提起。

在 2007 年 8 月 7 日开始的一周内，这种无序的全球化终于迎来危机大爆发。首先是美国爆出次贷问题，随后德国工业信用银行也陷入困境。尽管该银行是德国联邦政府所属德国复兴信贷银行旗下附属机构，但仍难逃一劫。还是德意志银行 CEO 约瑟夫 · 阿克尔曼就这一状况向德国监管部门联邦金融监管局（BAFIN）发出警告。该银行至此不得不宣布其爱尔兰子银行可能在未告知董事会的情况下已累积了数百亿美元的次级债相关资产。

在此之后，传来法国巴黎银行终止其部分基金赎回的消息。周五，美联储和欧洲央行在同一天内分别注资400亿美元和1400亿美元进行救市，以防止流动性危机导致市场土崩瓦解。一周以内，美国的危机已蔓延至欧洲。银行已不再相互信任。这种形势之下，大西洋两岸央行进行联手干预是必不可少的，也正是在它们协调有力的行动之下，这场风暴才得以平息。

今天，全球范围内的单日合同总额需以万亿美元计，并以微秒级的速度在世界各地之间转移传播，而我们的国家（或地区）监管机构却仍大体依赖自愿性的咨询过程。这不禁让人怀疑后者是否真能对前者进行有序管理。要让市场信心回归，条件之一就是确保相关组织机构的到位，其不仅能像危机发生时那般挽狂澜于既倒，更重要的是建立分析机制，并有能力实施相应防范措施。我们必须做到防患于未然，而不是等到危机爆发之后再仓促救市。

如今，这一问题更加刻不容缓，因为本次危机中那种大规模干预手段在当前政治形势下已很难重现。

部分金融机构在接受救助期间及之后表现出的玩世不恭态度令人不忿，他们对经济和社会形势认识之欠缺让人惊讶不已。他们难道还以为政府能够再次说服国会和舆论，用大笔纳税人的钱来进行如此规模的救市吗？银行那种认为自己理应得到救助，让国家为它们的债务埋单，然后再拿着这笔钱大发奖金的傲慢态度，无疑是自掘坟墓。在失业率一片飙升之下，金融高管与交易员们的天价红利，绝不会很快被淡忘。这种局面也突显了建立防范机制的必要性，否则我们势必重蹈本次危机之覆辙。

合作模式还是规范模式?

各监管部门间在国际层面上的合作模式已被证明是行之有效的，但尚不足以满足全球金融界监管的职能要求。

在这个问题上，我们面临的挑战不仅是能否接受超国家监管职能的原则性理念，更需要决定究竟哪些机构能在不同国际机构实施有效合作时充当组织者角色。

目前，国际清算银行（BIS）是唯一一个掌握实施此类合作所需信息的机构，但并未被赋予相关规范化职能。而在机构问题之外，对金融界的政治监管问题仍悬而未决。并不存在某个国际权威，具备可对涉及国家强制执行国际规定的相应法定权力。在这一问题上要取得进展，就不可能绕过国家层面的统一，而各个国家的法律规定大相径庭。

为此，政治领导人需要接受由央行组成的独立实体所拟定的金融事务相关国际标准。面对金融全球化的进展，合作模式已显得力不从心。如果我们不能针对系统性风险建立全球监管机制，那么新的系统性危机必然旋踵而至。公共财政所遭遇的困境还远未被克服。

欧洲的挑战：构建监管体系

既然在全球层面建立监管体系的需求十分迫切，那么在地区层面就更加刻不容缓了。在这一领域，欧洲因其在欧元区内试图推行相关措施时表现出的执行不力和缺乏共识而显得“鹤立鸡群”。希腊危机的戏剧化进程就是一个生动例子。

当美国已对卖空操作发布新监管规定时，欧洲证券监督委员会（CESR），即将各成员国监管部门加以联合并通过新金融规定的机构只是给出了一份欧盟27国各自对卖空监管进展的列表。尽管这些机构的目标一致，但其手段可说是五花八门，应有尽有。令出多门的状况本身已经令人遗憾不已，更糟的是，其将使欧盟单一市场的宏伟目标化作泡影。

欧元区由17个接受欧元作为国家货币的欧盟成员国组成，欧盟在此基础上正努力促成欧洲银行业联盟的建立。此目标若能实现，欧洲央行的权力可超出其如今出台货币政策、制定利率和管理经济的范畴，得到进一步扩张。

在希腊问题上，欧元区各国政府的困难处境可谓历历在目。最后期限和约束声明得不到具体行动支持。各国花了6个月时间互相扯皮，最后得出的是一个显而易见的结论：欧元区在救助希腊一事上别无选择。由于投资者对欧元丧失信心，局势进一步恶化。欧盟在此问题上表现出的力不从心，最终促成了总值7500亿欧元的欧洲救助基金的设立。对于《马斯特里赫特条约》[①] 签署

① 又称《欧洲联盟条约》，是欧洲成立政治联盟和货币联盟的基础。

各国而言，一体化远未完成，前路依旧漫漫。

对此，与其大发牢骚，不如看看有什么可做的。首先必须把欧盟（27 国）和欧元区（其中 17 国）区分开。目前，在欧元区成员国的各个金融监管领域，已在进行将权力及资源从欧盟逐步转移至欧元区及欧洲央行的举措。

欧洲央行的监管：欧盟的治理难题

毋庸置疑，随着使用欧元这一全球第二大货币的欧洲诸国切实承担自身责任，欧洲在 20 国集团内的公信力也将水涨船高。

欧洲央行正对欧元区内 124 家银行的监管事宜进行接管。在接手前，欧洲央行决定将这些银行交由独立审计进行质量评估，并可能拒绝对部分最为薄弱的银行进行监管。然而这一审计遇到的严峻问题就是对这些银行投资组合主权债进行估值，这些银行大概是最大的主权债持有方了。

2013 年 10 月 5 日的《经济学人》对此写道："同意将欧元区大银行的监管权交予欧洲央行的协议尚墨迹未干，后者就已经与国家级银行监管部门就其职权范围及将要行使的首个重要任务，即对其将在一年内加以接管的银行的资产负债表进行大彻查一事而互生龃龉。"

如果他们继续无视证据，正如其在长期再融资操作（LTRO）中的情况那样，仍旧坚持认为所有国家都平等且无风险，那么本次审计给出的结果恐怕会和欧洲银行业管理局的两次压力测试一样令人震惊。

如果审计员承认主权债并不平等这一明显不过的事实，那么谁来决定每个国家的风险平差值呢？市场和评级机构应能胜任。但是，一旦真正实施各个主权债扣减额度，那么欧洲经济最薄弱国家的银行可能就无法达到欧洲央行的最低质量要求。谁会认为马里奥·德拉吉在担任意大利央行的行长时会对意大利主权债进行扣减，并承认其监管银行存在结构性缺陷呢？欧洲央行对欧盟不同国家的现行风险承担如何？其放款业务所接受的抵押品地理分布情况又如何？

事实上，这些问题根本无人搭理，而欧洲人还以为即使业务不透明也一样可以获得信任。一份在 2014 年 1 月 3 日发布的研究对欧洲银行的透明度报以严肃质疑。

银行监管部门应将其管辖之下银行的数据加以公开，并进行及时和统一的发布。这种透明度的要求也可促进民主问责的建立，并提高市场效率。

相比欧盟成员国，美国的监管透明度更佳。美国监管部门每个季度都需发布数据，并在一周内对银行资产负债表的详细信息进行更新。与之相比，若要每个欧盟成员国提供与此类似的数据，只有 11 个成员国监管部门可获得部分数据，且没有哪个成员国的透明度水平可与美国相比。

不论是当前欧盟对银行透明度的要求，还是其计划实施的该方面新规定，都不能充分发挥作用，可被监管部门轻易规避。若要建立欧洲银行业联盟，那就需要对其提出更高的监管透明度要求。

亚洲的情况

有人可能会想，为什么危机在向西和向南扩散时止步，其最终波及范围为何仅限于北大西洋地区呢？事实上金融危机所造成的损失中仅有10%来自亚洲，多数来自日本。

由于我有大量工作是在亚洲开展的，我曾力图弄清楚，能够令亚洲在这场因西方的贪婪所导致的危机大爆发中独善其身的“东方智慧”究竟是什么。毫无疑问的是，无论是在香港、上海、孟买，还是东京、新加坡和大阪，市场交易员的心理活动其实和他们的西方同行并无二致，连贪婪的本性也是如出一辙。但其与资金的关系并不相同。亚洲大型机构的领导者们从未有过他们的西方同级那样的天价报酬。亚洲从本次危机中获得的认知就是，西方金融机构毁于其贪得无厌。

亚洲金融机构的国际化步伐也变得更为慎重。目前只有日本处在与西方同一级的国际市场上。东西方金融机构的根本差别在于，东方机构的管理仍基于一种强调文化及国家行为的模式：存款账户在这些机构的资产负债表中占比远超50%。受到最严重冲击的日本银行是新生银行，其最大持股方为美国私募股权基金利普伍德（Ripplewood）和JC Flowers。而另一家陷入困境的青空银行，主要因其美国控股方Cerberus[①]私募股权基金的所作所为才有

① Cerberus意为地狱看门犬。

此处境，后者的名称与其胆大妄为的做法可谓十分契合。

有一个故事颇有意味，雷曼兄弟濒临破产之际，绝望之中曾把来自韩国发展银行（KDB）的注资意图当作其救命稻草。负责谈判事宜的是KDB的韩方高管，其人曾是雷曼兄弟的前高管成员。于是雷曼兄弟天真地以为无须费什么周章，发展银行的董事会就会同意这笔注资。然而，在韩国的金融体系中，国家的影响力是十分巨大的，这样一笔交易若无该国最高当局的首肯，是根本不可能进行的。当雷曼兄弟一厢情愿地以为自己已经得救时，这笔交易却最终因韩国当局对西方的怀疑而宣告流产。汇丰银行在长达三年的时间里一直试图收购韩国外换银行，但最终也是无功而返。

最终雷曼兄弟美国以外业务的拯救者来自日本：野村证券接管了这些业务，一年后其宣布公司薪酬制度将进行改革，以与雷曼兄弟的相一致。

“如果你想像华尔街那样荒淫无度，那你就要先成为华尔街的一员”（To be part of the excesses of Wall Street, one must be on Wall Street）：这句至理名言可不是简单的同义重复。中国和印度银行对美联储出于本能的（有时也并无正当理由）不信任使得他们很少在美国设立分支机构和附属公司。即使有，其规模和业务也普遍受限。因此它们其实并未参与这场金融豪赌。而之所以如此，到底是因其品行更出色，还是纯粹走运而已呢？无论如何，事实就是亚洲金融机构在本次金融危机中显示出比其欧美同行更强的抗冲击性。

中国如今成为全世界目光汇聚之处：其影子银行业务的激增已达到了匪夷所思的程度。

“中国的影子银行问题需置于一个仍主要由银行，尤其是大型国有银行支配的金融体系中来进行审视，国家在这一体系中通过多种规定及正式非正式的指导意见控制银行的走向。在近几年，这种规定制约变得越来越紧，以至于企业不得不转而求助于影子银行。”布鲁金斯学会在 2015 年 4 月的报告中如此写道。

虽然目前对中国影子银行的规模尚无确切估计，但金融稳定理事会需对此予以重视。

20 国集团的局限

对于法国担任欧盟轮值主席国时试图将 20 国集团（G20）转变为负责掌控及监管金融机构的组织的做法，我至今仍感不可思议。很难明白，一个建立初衷是推动各国财政部长就涉及发达国家与新兴国家间关系的措施展开讨论的合作论坛，到底该如何才能当此重任。尤其是已经有好多个国际机构已经把各国央行、市场的监管当局汇聚起来或者还能干预各国的收支平衡问题。

最有力的解释就是 2008 年底（雷曼破产后）迅速蔓延的恐慌气氛令欧洲政要们产生了一种迫切感，他们需要向全世界传递一种印象：形势仍在自己掌控之中。然而，每次此类峰会的结果总是适得其反。除了每次各国首脑为了向国内舆论交差而发布的空洞原则声明外，峰会并没有取得任何实质性成果。

20国集团既无监管金融市场的手段，亦缺乏所需的专业才能。其所要应对的是更为宏大的议题：如何解决国际贸易和发展的全球失衡局面。然而这并非是针对监管问题的解药。其最多也就是通过标榜一些所谓“全球性举措”，让那些轻信的民众不再对此忧心忡忡。

20国集团在更为宽泛的原则性问题上所施加的影响更有意义。其任务有可取之处，但这不代表其可以越俎代庖，取代监管机构。G20要考虑的是全球性问题，而非具体的辅助性问题。

其目前关注的焦点十分明确：全球各经济体间的经济发展失衡，对此如何加以衡量，又如何令全球经济重归平衡？

徒有其表的金融稳定委员会

金融稳定委员会（FSB）的前身为金融稳定论坛，是一个负责对可能威胁全球金融稳定的不平衡来源进行监察的机构。然而观其建立以来的表现，可说是既无所察，亦无所作为。对这样一个机构，当初简直就该直接解散，将其职能转移给真正集结各国央行的国际清算银行。

然而与此相反，20国集团在意识到自己缺乏相关分析和政策手段后，就草率地把论坛改称委员会。然而这不过是新瓶装旧酒，其组成并无太大变动。

20国集团缺乏相应能力，而FSB则不具备权威性，因此在具体执行层面均力不能及。在此我并非要否认或消解这些机构进行的研究分析所具有的知识价值。但困难在于如何衡量这些成就的适用范围。尽管 FSB 获得了官方授权，但关于其究竟如何取代其他跨国实体行使职权一事却始终不明确。

FSB 的工作必须与各个层面上应对金融系统性风险所采取的相应措施相整合。只有如此，才可能显示其真正价值所在。

国际清算银行是全球监管机构的最佳候选

在成为委员会之前，金融稳定论坛处在国际清算银行（BIS）的管辖范围内。其职能是将 BIS 在金融稳定性和系统性风险方面的工作加以整合。

位于瑞士巴塞尔的国际清算银行，汇集了各国央行行长，使他们能定期就国际金融市场及其可能面临的问题交换信息和看法。

为达成这一战略作用，国际清算银行还被赋予了一项关键职责：对银行资本充足率制定新规。然而实际情况是，当巴塞尔协议 II 甫一面世，金融危机却接踵而来，而这些全新的准则丝毫未能防范危机的发生。必须指出的是，美国支持巴塞尔协议 II 的前提只有一个，就是不要让这些规定对美国银行实施：显然这些银行对美联储和布什政府施加了影响。美联储受到鼠目寸光的银行游说团体怂恿，竟做出如此自毁前途的愚蠢之事。

BIS 未能预见危机，不过既然美联储也未能预见，且危机在美国发生，因此尚属情有可原。2007 年，我在参加央行行长与各国财长的会议时，曾当面提醒他们危机的征兆。而对此的回答出奇地一致：既然美联储看起来并不担心，那我们操什么心呢？

但是，BIS 还不是一个央行，也不在政治家的掌控之下。其在各方面都应该更为行之有效地行使职责。将 BIS 和 FSB 加以合并，使其发挥全球系统性风险监管者的作用是大有裨益的。至少，它们能在如今的机构框架中实现紧密合作。

巴塞尔协议 III

在 BIS 的制度框架中，在被称为巴塞尔协议 III 委员会的组织内，针对增加对银行资本充足率监管的必要性进行了大量磋商。这是为改革而设置的唯一一个主要的全球性组织。毫无疑问，巴塞尔协议 III 的原则将会带来银行业的重组。正是基于这些原则，委员会在 2010 年 9 月发布了关于银行资本水平、银行业放贷能力和持有金融资产能力的全新规定。

这些委员会内的金融专家们，有责任对金融机构的过快增长加以限制并防范金融市场频繁滋生的“泡沫”。仅仅掌握货币政策并不足以达到此目的，有关当局还需监控信贷增长。这就需要建立新的增长监控手段。也就意味着必须对银行资产负债表的增长状况加以密切监管。

对于对冲基金等银行外业务，也应一视同仁。至于资产证券化，其进程应更为透明，且股份须进行个别登记。

为解决“大而不倒”问题，主要金融机构应做出保证，不再侵占纳税人的钱财。它们需要对金融业务及机构本身进行更为严格的管控。这也就意味着一些银行必须下定决心对其投机性业务进行拆分。

新规定中，银行业务所需资本缓冲额度较之前翻倍。这是一场执行力度和时间之间的权衡博弈。协议的最后期限是 2019 年，但相关工作现在刚刚展开。规定的实施还会产生附加效果，迫使银行从根本上重组资产负债表，包括进行投资转让等操作。协议公布后，已有数家银行宣称其已达到这些标准。我认为银行会在最后期限前以达到巴塞尔协议 III 标准为目标展开一场竞争，正如巴塞尔协议 I（库克比率）建立时所经历的那样。

据我预计，在《多德—弗兰克法案》和巴塞尔协议 III 联手之下，美国银行业将会焕然一新。目前难以回答的问题是，银行是会遵守新规，并真正为经济发展输送资金，还是继续执迷不悟地抱着金融领域的各种投机活动不放（ 自营交易、对冲基金、衍生产品、大宗商品交易等）。巴塞尔协议 III 将限制银行业从事此类业务的规模和能力，令他们无法再像以前那样肆无忌惮。监管部门的根本目标就在于：无论发生何种情况，都不应威胁到银行业的延续性，用纳税人的钱进行救市。

国际证券事务监察委员会组织

这个总部设在马德里的跨国组织（IOSCO）是个不怎么起眼的角色，与国际清算银行不同，其并没有监管权力。不过，这却是唯一一个各国资本市场监管部门可以在全体大会或委员会中齐聚一堂，并就信用评级机构、会计准则、对冲基金及其他敏感话题展开会晤磋商的正式场合。其所做工作虽不张扬，但却是严谨认真的。

一如既往，美国对将权力让渡给此类超国家组织仍是心不甘情不愿，所以始终在对IOSCO赋予规范权力一事上推诿抵触。但这并未阻止IOSCO的委员会通过一系列协议决定。

为了给金融市场以更高公信力，现在是时候将规范权力赋予IOSCO了。这并不是说要其执行相关的必要措施，但各个监管部门可以在这个论坛上就一些困难问题达成共识。在对评级机构的探讨中，欧洲的政治领袖们似乎遗忘了这个欧洲监管部门也有参与的组织。IOSCO中有专门对评级问题给出建议的委员会，美国和欧洲的政府机构代表也参与其中，也出了不少力。

国际货币基金组织应成为世界央行吗?

将国际货币基金组织（IMF）打造成世界央行的建议倒是与其总裁法国人多米尼克·斯特劳斯·卡恩的愿望颇为相符，后者一直想让IMF成为央行的央行，也就是全球性的监管机构。

虽然我非常敬仰他领导IMF期间的功绩，我得说将这一职责托付给IMF并非明智之举。IMF的初衷是在宏观经济水平进行干预，而不是对金融机构进行监管。其职责是对经济加以平衡，尤其侧重于维持收支平衡。这完全基于不同的原则。在我看来，将BIS数十年来一直履行的监管各国银行的职能加以进一步扩展才是正途。

而 IMF 要如何行使世界央行的职能呢？这是令人费解的。阿联酋和欧元区的最新教训已显示出此类职能对部分独立国家的局限性。

对众多机构的协调

无论由哪家机构进行全球监管，其都会拥有相当大的权力。如今全球政治力量的均势可能与此类职责移交产生抵触。但我们必须去尝试对承担系统性风险的金融机构的监管职能加以进一步的整合。

我们必须在形形色色的国际机构所构成的复杂迷宫中，找出真正通往全球监管一体化平台的进路。

相关进展有望在那些致力于国际协作的国家和地区间取得。

欧盟现在获得了建立此类监管的历史契机，使其不仅适用相同的规则，还可以相同的方式将其推而广之。

欧洲的监管部门目前仍在国家层面，而各成员国并不希望自己就此丧失这些监管手段。因此，欧洲虽对此有着迫切需求，但仍需脚踏实地，步步为营。政治家们不应再掩耳盗铃，装作已有干预手段的样子。每次的 20 国集团峰会上，欧洲内部总是分歧多于一致，各国领袖表面上的共识不过是欲盖弥彰。

在全球维度上，目前有许多迫切问题继续各国通力合作。但若以为这种合作很快就能达成的话，无疑过度乐观了。与此同时，即使彼此共识仍十分有限，市场也依旧会在全球范围内继续运行。

CONCLUSION

突兀的道德问题

CONCLUSION
突兀的道德问题

在本书最后部分，让我们再大致浏览一下金融行业所面临的各种挑战，以及为恢复金融信心而必需采取的措施。显而易见的是，如今的金融体系已隐然凌驾于全球经济、社会和政治活动之上，并对其构成越来越大的威胁，以至于各国政府不得不大力干预方能避免整个系统的崩塌。而对此趋势，仅仅颁布一些规定是无力加以扭转的。

相比对薄弱环节的补漏，更难以实现的转变是金融道德标准的建立。金融与道德，或是其他人类社会的现状与道德之间，并非水火不容。然而金融领袖们的言行之间所暴露无遗的态度是，只有受法律约束的义务才能引起他们的重视。

在这里谈论道德，并不是要建立某种道德规范，更不是为了向谁布道。我在这里所用的“道德”一词，指的是其最原始的本意：我们所做的一切都有道德内涵。根据康德的理论，人类“遵守道德律是出于对它的尊重，因为这就是他们的责任所在”。对他个人而言，何所欲取决于何为善。在这一层面上，我们无须成为道学家，只要具备朴素的道德并尊重自然律即可。每个人在践行“真正正确的事”时，都会感受到这一深刻的道德感。

金融的根本职责是什么?

这里所说的“职责”，并不是金融高管们在接受采访、质询或进行陈述时提到的那个词。他们可以基于法律、金融乃至技术层面去判定职责，但却从未意识到金融就其目的而言已成为一种非道德性的观念。

人类的行为及其构成的制度，无论是外显还是内隐，都会有一个目的，一个“存在理由”。就算不做什么高深的学术争论，金融有其职责这一点也是显而易见的。其并不仅是利用货币，而是为了某个目的去创造货币。在此情境下，如果我们回顾货币的基本职能——记账单位、支付手段和储藏手段——无疑就会了解金融的本质是提供一种服务。这也是其何以称为“金融服务业”的原因。

金融服务的职能需通过其所带来的增值而加以衡量。这种金融中介的职能对经济活动至关重要：缺了它，经济交换就难以实现。这也是其与生产活动的区别所在：制铁商的职责就是制铁，但金融却不以其本身为目的。金融的目的，要根据其对经济，对社会的贡献来界定。

金融已背叛了自己的职责。金融行业大权在握，不可一世，其所作所为已蜕变成了只为自己的福祉、自己的利益而存在，尤其是只为金融行业内部人员的利益而存在。这也是为何危机期间“华尔街”和“主街”[①]之间开始显现巨大的鸿沟，且两者之争一直延续至今的原因所在。

通过回溯金融服务业的这一根本职责，我们才得以理清其引发问题的一系列行为。如果想在一个社会全体对金融的诚信报以认可的环境中进行对经济的融资，那么无论谁充当专业人士，都得先改变自己的态度。

没有透明，何来信任

那些忙于投机性自营交易的银行，并未履行自身的披露义务。它们并未向自己的股东明确解释其风险状况的变更。董事会对此难辞其咎，其不仅批准了这些风险业务，而且并未要求公司对这些资产负债表内或表外风险进行明确说明。

监管部门和公众往往忽视了金融机构对其客户与股东负有的受托责任。这些机构根本不认为股东哪一天会突然清醒，蓦然发现在“他们的”银行道貌岸然的外表之下，竟然是一个用存款和受托资金做赌注的超级大赌场。这种行为无疑是对将金融机构与其客户相绑定的信托协议的违背。正是出于这种协议，客户才会将自己的储蓄或资本托付给机构。法规若无视信任，就是对诚信的背弃。

① 经济界所用比喻，“华尔街”指代金融行业，而“主街”则为实体经济各行业。

监管部门应重新聚焦于自身职责

金融机构内部的自营投机活动在10年前就已经初露端倪，并逐渐愈演愈烈。其并非什么新鲜事物，而从央行、市场当局到其他国家及国际层面的各类监管部门对此类行为的兴起及其发展规模可谓知根知底。

然而，令形势火上浇油的是，SEC竟在2004年降低了投行的股本比率，致使雷曼兄弟、贝尔斯登和美林证券的债务水平急剧攀升，并最终导致这几家机构在短短数年后便烟消云散。而游说国会让其做出这一改变的正是这些银行。

2005年起，金融领域陷入衰退的初步迹象令投资者忧心忡忡。而身为始作俑者的SEC虽向国会承诺对相关风险进行监控，但却忽略了自身的根本责任。

这些决定之所以遭到伦理质疑，原因就是市场监管部门放弃了自身的道德义务，也就是小心谨慎地监管业务的滥用，尤其是过度负债所导致的风险。它们拥有权力，却不曾真正行使这份权力。

从两房危机看政府的财政健全与诚信问题

讨论对金融的管理却不提政府的角色，肯定失之片面。由于各方势力均试图说服政府，面对众说纷纭莫衷一是的局面，政府干脆弃自身责任于不顾。

尽管政府在风雨飘摇的危机局面下做出金融援救决定的那份勇气应得到认可，但其行为往往忽略了金融道德的要求。央行的行为大体上是遵从道德的，只是我们仍禁不住要问，对于一个未能发现金融巨轮前方冰山的领导者，其具体应负什么责任？

危机中最具决定性的干预就是美国政府对房利美和房地美的救助和国有化。这些机构的管理堪称一场灾难，其承担着全美70%的抵押贷款相关风险，却从未对信用进行过严谨分析。更令人大跌眼镜的是，这些机构还投资了大量有毒资产，这既不是它们的职责权限，也已超出了其能力胜任范围。如果它们能对自身业务用上哪怕一丁点认真劲，也不至于落到被救助的地步。

两房对国会的游说更可能是美国最为严重的政治腐败案之一。实在难以想象，事后这些机构的管理层和董事会竟然未受到丝毫处罚。看了保尔森的书，我猜两房董事会之所以愿意接受国有化，唯一的办法就是威胁他们，如果不如此，就要接受责罚。

政府或地方政府并不觉得自己有必要遵守它们对其他金融机构颁布的管理规定。这样一来，它们就把失败的责任直接转嫁给了纳税人。到2010年底，就必须对这些干预措施的费用加以偿付，而要完全重整房利美和房地美，还有许多正式工作尚未开展。

对银行征税的主意的确是个巨大的诱惑，不过即使在道德上恐怕也难以证明其正当性。真正必要的是对政府的救助措施给予高于市场利率的公平回报。对美国财政部对花旗银行的450亿美元注资干预在两年内获得了123亿美元，即回报高达28%的收益。但这种高额回报其实无助于规范机构未来的行为。其只是让银行在财务上更为捉襟见肘难以为继罢了。而且，此举若是为了报复金融机构，那么政府先要把自己的行为洗白才行，于是它们会说：作为监管部门，它们背负的责任让它们别无选择。美国已宣布放弃以征收特别税筹集200亿美元的做法，而欧洲的决定恰与此相反。

不要让银行被交易员掌控

此前我们已经看到过好几个例子，看似是银行高管在执行操作，这些高管其实本质上是交易员的个人行为。商业银行一般会由管理层中真正的银行人员和经理来运营业务，其较为娴熟的技能可使其应对业务时游刃有余；然而投行却已经被交易员“劫持”。他们用一种古老的战术进行抢班夺权，并把那些不属于自己圈子的高管们排斥出业务活动。如果只看财务业绩，他们可说数一数二，但作为管理者，却是臭名昭著。格鲁克曼和彼得·彼得森两人之间的争斗可说是交易员夺取权力的典型例子[①]。在一场明争暗斗后，彼得森败下阵来，而因此横行无忌的格鲁克曼最终引发了雷曼兄弟的崩盘。这种做法让他们承担了连自己都始料未及的责任。优秀的交易员未必是优秀的银行家，后者也未必是优秀的管理者，反之亦然。

让这一切在眼皮底下发生，事后又被“新CEO的朋友”顶替位置的各位董事们负有重大责任。正是他们的批准，才使得银行

---

① 格鲁克曼时任雷曼兄弟交易部主管，而彼得森则是银行部主席。

内部出现这样一个不受监管，管理混乱的对冲基金。金融机构的董事会通常远不能称之为优秀，他们对各种要求百依百顺。

对交易员而言，客户不过是以一个迎合交易员的价格买进或卖出证券的微不足道的合约对方而已。他们从不会认为自己对顾客负有受托责任。至于另一侧的交易对等方（多数情况下为投资方和发行方）自己也一样委任交易员，后者追求的目标与自己并无不同，且在交易时也一样会耍滑头。对交易而言这并无不妥，但对银行业务就不行了。

由于管理层害怕失去这些“赚钱高人”，便对其行为睁一只眼闭一只眼，甚至不要求他们遵守用于规范其他员工行为的道德准则。他们甚至赋予交易员凌驾于交易清算室的权力，让前者的交易可以隐瞒损失或收益。一个能挣到一百万的交易员，当然要胜过只能挣七万五千的清算室员工了。

交易员的薪酬多少与客户满意度无关。对他们的管理不过是表面文章，只对一些过于极端的胡作非为略施小惩。管理者宁愿置身事外，装聋作哑，也不想冒着得罪交易员的风险去履行管理职责。

近年来爆出的一系列交易员丑闻，其原因正是金融机构管理层和董事会对这些交易员操作行为的纵容所致。我们亟须将这些行为置于严格的监管之下，对其进行最高级的风险管理，并杜绝任何形式的权力滥用（有时这些交易员的所作所为如同儿戏）。确保招聘人员的差异化，防止内部结党，并让真正的主管来指导交易员的行为，对此不应有任何妥协。最后，别再指责清算室了。

只要我们尚未构建一种足以对此类交易文化加以具体限制的领导能力，并让真正有骨气，有自身核心价值的独立个人来担任金融机构的董事和主管，那么现状就很难有所改变。

凯维埃尔诈骗案与法国兴业银行

当公众得知热罗姆·凯维埃尔这一名交易员竟代表总公司管理着一只总额高达500亿欧元（700亿美元），专职对全球股票指数进行套利交易的投资组合时，他们立即意识到情况有点不对头。控制体系在哪里？执行委员会对此类资产及其风险到底获取了什么信息？有哪些风险责任是可以追溯到董事会的？为什么一个刚从清算部门升职的交易员就可以累积远超其职权范围，高达700亿美元的头寸？为什么法国兴业银行竟然在长达18个月的时间里对这一明显违规的头寸不闻不问？管理部门为何到如此之晚才发现事情不妙？

这一事件的相关评价陆续登上报纸头条，并非偶然。对凯维埃尔的庭审之所以让法国和国际媒体都趋之若鹜，正是因为其中牵涉的道德问题。如果你仅仅拘泥于金融或法律框架内，那就无法得到真正满意的答案。凯维埃尔最终被判“罚款”50亿美元，以及15年监禁。

阅读热罗姆·凯维埃尔所著的《我不是魔鬼交易员（L’Engrenage）》一书，读者不禁回想起似曾相识的另一人：对巴林兄弟银行的破产负有直接责任的“流氓交易员”尼克·里森。

与凯维埃尔一样，里森也负责股指衍生产品的交易活动，并最终在对日本股指日经225的交易中“玩砸了”。这类风险的危险程度众所周知，甚至早已记录在案。

这一案件引发的并不仅是法律问题。据凯维埃尔交代，他可以轻易用“对计算得到的积极成果的预期”来掩盖损失。2007年底，他已经积累了高达15亿欧元（20亿美元）资本，并成功将这些本会引发问题的资产“转移到下一年”。但是，这一丑闻真正揭示的，是一种普遍的交易文化。法国兴业银行处理凯维埃尔事件的方式简直是对公众的侮辱。应对这一事件负有根本责任的股本衍生产品部主管竟然得以升职。在作证时，他故作无知，欲盖弥彰，声称即使是10亿欧元的头寸也会立刻引起关注并得到处罚，更不要说500亿了。

兴业银行在其内部营造了追逐短期利益和漠视风险监管的不良氛围，等到东窗事发，却试图置身事外，自称清白。无论在法律上做何考量，其在纵容助长此类“风险文化”的问题上难辞其咎。

基于同样的道德标准，热罗姆·凯维埃尔的“错判形势”也绝非无辜之举。这并不能以“犯了错误”作为搪塞理由。凯维埃尔既然能绘声绘色地描述自己如何瞒报损失，那他就不该装作一个受害者。无论是在人际关系中，还是在雇主和雇员的关系中，这一点都是毋庸置疑的。

不过，这一事件中仍有问题令我困扰。法院控告的是凯维埃尔本人，兴业银行则是审判当事人，其也对自己的雇员提出控告。

那么，应由谁来处罚兴业银行？银行高管无一人因此受审。这是否公平？显然，正是兴业银行各个层面的审查和管控失职导致了不可挽回的错误。只有凯维埃尔的直接上级遭到解雇，而高层领导却安然无恙。

但在公众舆论和道德所设立的法庭上，兴业银行的高管们对这一丑闻绝对难辞其咎。

消除自营交易的利益冲突

以下关于道德问题的辩论所针对的是金融机构在进行自营交易和客户交易时所遭遇的利益冲突。事实上，此类业务中从没有什么“中国长城”，对机构而言，仅把自己不想继续持有的资产抛给客户是一个颇有诱惑的主意。在这一体制中，如何确保客户得到公平对待？

所以这并不是什么“大而不倒”的问题，而是要确保金融机构将客户需求优先于自身利益。换言之，在美国，部分进行此类自营业务（无论正式还是非正式）的机构将被要求对这些业务进行拆分，将其转移至附属公司，以确保业务的崩盘不会危及银行自身。

对自营业务，应增加其透明度，并对所承担风险加以监控。

需对这类利益冲突采取中和措施，正如保罗·沃尔克所指出的，银行不能用自有资金进行高度投机和不透明的业务活动。因此并无必要特别排斥对冲基金。

这些措施的道德内涵就是促使金融服务机构将资本集中于为客户服务的业务上。银行业务不再以客户利益为重，正是导致行业道德败坏的最根本原因之一。

重申金融的社会责任

我们所处的时代，是一个银行肆意欺凌其客户的时代。它们甚至连承认错误赔礼道歉的勇气都没有（只有少数例外）。如果银行能够认识到自身承担的社会责任，那就不愁客户的信心不会恢复。试图装作什么都没发生，继续不改其劣行，这是不能容忍的。银行对金融危机的爆发负有“原罪”，即向客户提供看似优惠的利率，却刻意对其隐瞒了一个事实：两年后利率将升至其无法承担的高度。它们有意为之的误导最终导致了客户无力偿还债务。不过银行之所以如此，是基于房市只升不降的判断。

愚弄客户就是背叛自身的诺言，因为银行所掌握的知识和资源使个人和中小企业客户难以对抗其权威。当他们遭到欺骗，甚至连财务状况都被他人操控时，又如何获得成功？银行已经违背了基本的道德要求，漠视自身作为发放信贷者所应该承担的责任，而且还毫无收敛，一再如此。这也突显了新设立的金融消费者保护局的必要性。

银行的执行委员和主管们应该设身处地地去体会客户的困境：痛失爱侣的丈夫或妻子，寻找为学业寻求资助的年轻人，以及有着各种悲惨遭遇的人们……服务客户是银行职业的核心所在。然而背离了自己的价值体系的，正是银行自身。如果不从精神上加以改变，我们仍将看到美国或欧洲的银行滥发利率惊人的信用卡，或是用其他愚弄消费者的伎俩来为自己牟利。

多数金融机构在危机援救期间表现较为恰当：它们为雷曼兄弟提供了500亿美元的信贷额度，以维持其不致崩盘。银行的管理层和董事会理当更多考虑其产品和业务的社会效用。金融的未来就在于其所错失的重要价值之中。

让董事担责

危机肆虐之下，机构的董事们却可以逃脱罪责，依旧身居高位，这是本次金融危机之中最令人倍感羞耻之事。由于当前体制无法对董事进行有效甄选，又对其无能无德百般容忍，最终导致金融机构董事会形同虚设，百无一用。

多数董事会因其他考量而对自身的道德和社会责任置之不理。真正能够为股东挺身而出，对抗“华尔街的贪婪”的董事少之又少。多数董事则几乎毫无例外地抛弃了自身本应秉持的基本道德。

董事应该承担应有的责任，应该具备风险分析的独立手段，更应能够对金融机构业务变动的各个相关方面加以评估衡量。他们可以不是专家，但必须确保自己能够得到具有相应能力的专家的帮助，以对这些风险作出正确判断。金融机构董事会中至少有1/3的席位应指定那些有足够胜任力和独立性的个人担任。此类立法不应引起争议。

回归本源

金融和金融家已背叛了其天职，只为自己而牟利。因此，亟须让它们回归本源。对于已经背离了实体经济和客户利益的银行而言，回归本源就是要重新审视金融的价值增值问题。其不仅是经济和法律上的职责，更是一种道德义务。

投机性自营交易的发展令许多机构对债务及投机产品带来的高额利润趋之若鹜，但他们并不能完全把握这些产品的风险。在监管部门的纵容与评级机构的合谋之下，它们将明知会出现问题的资产销售给了投资者。

金融业的回归，就是令其重新发挥促进经济发展和辅助企业业务与个人经济活动的职能。这并不排斥创新，只要其对客户有所帮助。但银行决不能将股东托管给其的资产用于投机目的。

我们在最近的希腊危机，或是欧元区乃至整个欧洲范围内都能看到这些投机行为的身影。正如奥巴马总统在其 2010 年国情咨文中所说："我们再也不能容忍金融业务危及国家经济的情况发生。"

对冲基金和其他投机性机构可以继续存在。但它们不应得到银行的庇护，并需要在银行体系之外进行融资。而贯穿所有改革行为始终的，是对透明度的诉求。

对金融实行监管是唯一的可行方法：以往的惨痛教训已经让

我们明白，金融家信仰的道德法则就是优胜劣汰的丛林法则，要他们进行自我监管是不可能的。但也有不少人认为，对金融的监管也不过是一个乌托邦而已。而在我看来，能够获得金融相关的教育和知识的人越多，金融就越难以蛊惑世人。

经济不能没有强有力的金融体系支撑。本次金融危机的爆发，源自金融界自身的贪婪与不加节制，而不像新兴国家所经历的数次危机那样，是被外部危机所殃及。如此一来，金融家归罪于外部因素的遁词就不灵验了。正是这些金融家们的放纵与贪欲，令整个资本市场失衡，甚至波及实体经济。因此必须明确，金融是以服务经济为目的的。

许多金融领袖是真诚希望赢回人们的信任的，但是要在当下金融与公众、客户、监管部门乃至政界的全新关系中重建这种脆弱敏感的信任，仅仅依靠颁布一些规定是远远不够的。因此，金融行业必须加以改变，其不仅应出于自愿而遵守新的监管规定，更要抛弃孤芳自赏的傲慢态度。金融服务业必须找到自身立足的根本所在。要恢复信心，透明度是一大关键。正如汉克·保尔森所说："真正困难的是在管理规定和市场自律之间维持一种平衡。"以为即便遭遇重大危机，金融也可以自发改变加以应对的想法是极度错误的。

各个行业都会周期性地暴露其结构性缺陷。金融并非特例。英国石油公司（BP）在漏油事件中就犯下类似错误，它们冒了毫无必要的风险，结果造成重大社会和环境损失。无论是BP还是其同行，都并不具备那种它们所宣称的对环境无害的钻探技术。

而在美国，金融行业是华盛顿的重要金主，双方过从甚密令监管部门的行动也束手束脚。无独有偶，汽车、能源与航空业也有类似问题。

NOTES

后记

那些曾对我的银行与金融职业生涯予以帮助的人应该知道，金融对我而言意味着一种激情。在我眼中，金融是必不可少，乃至无法替代之物，它能够移山填海，能够创造奇迹。其不同凡响的特质令我心醉神迷。

金融危机让我经受了一次巨大冲击。令我感到疑惑的是，不断堆积的金融泡沫如何能够通过不合理的薪酬制度将系统风险推至我从未想象过的高度。我预见了危机的到来，并试图向我的朋友和客户发出警报。有人听从了我的劝告，不过也有人认为我是夸大其词。但其实，我还并未把真相和盘托出。

贯穿本书的主线，就是因金融家对金融的背叛以及金融对经济的背叛而产生的深深失望。随着这场自 1929 年来最严重金融危机的形势不断发展，我一方面努力对其产生机制加以更深入的洞察和更深刻的理解，另一方面也开始着眼未来。也正因此，曾经从事学术、法律及经济学研究的我，最终选择以金融为职业，对此我并不感到沮丧。

我只是希望，我们能带着一份坦诚和勇气，从犯过的错误中吸取教训。金融业，尤其是银行业，应当全心全意为社会和经济提供服务。无论是作为亲历者还是旁观者，这都是我的肺腑之言。我也试着刻意保持一定的距离感，去审视金融的各个方面。这也是我作为一个寻求解决方案者所付诸实施的承诺。无论在书中、博客中、会议中甚至一次单独谈话中，我都以危机见证人的身份，运用自己的专业知识，去为人们拨开金融所笼罩的神秘面纱。既然做出选择，那我自会承担相应责任。

阿道司 · 赫胥黎曾将真正的自由定义为允许参与者在体制内行动的同时表达自身的信念。但践行此类自由并非易事，因为人们总是陷于盲从和自得。因为本书，我可能落个平民主义金融家的头衔，甚至更糟。但平民主义并非意图蛊惑人心，而只是对那些想要了解事实的人加以阐明而已。这是我的信念。书中的这些思考，主要是面对那些金融圈外的人士，那些想要理解这场危机及其对将来所产生影响的读者。如果我的金融家和银行家同行们能够赏光一读本书，我只能希望他们对我在书中既不详尽，也不专业的叙述网开一面。因为我本意就不在此。

但是，近年来金融的本质文化仍是自我中心式的，银行仍然任由风险滋生而不闻不问。不仅西方如此，亚洲也开始越来越多地受到浸染。

外汇市场的欺诈丑闻，对诸如伦敦同业拆借利率（LIBOR）

等贷款参考利率进行操纵等行为，都给银行管理的诚信投下了一片片阴影。

我坚信，应该教会人们认识金融，用通俗易懂的方式呈现复杂的实际问题。没有必要使用晦涩难懂的金融行话。率真的态度与透明化的行事，才是取信于人的不二法门。鉴于如今金融所遭受的巨大质疑，金融普及是当务之急，但也绝非一日之功。所有具备相应知识的人，都有义务参与到这一过程中。我也只是他们中的一分子。虽然我的目标是明确的，但也难免犯错。本书中如有错误疏漏，也希望各位读者能够多多包涵，并不吝指出。

图书在版编目（CIP）数据

金融的背叛：恢复市场信心的十二项改革 /（美）乌杜（Ugeux,G.）著；劳若珺 译. —北京：东方出版社，2016.4

书名原文: THE BETRAYAL OF FINANCE TWELVE REFORMS TO RESTORE CONFIDENCE

ISBN 978-7-5060-9010-0

Ⅰ.①金… Ⅱ.①乌… ②劳… Ⅲ.①金融市场—研究 Ⅳ.①F830.9

中国版本图书馆CIP数据核字（2016）第086152号

金融的背叛：恢复市场信心的十二项改革
（JINRONG DE BEIPAN:HUIFU SHICHANG XINXIN DE SHIERXIANG GAIGE）

作　　者：［美］乌杜 (Ugeux,G.)
译　　者：劳若珺
责任编辑：姬　利　李宛霖
出　　版：东方出版社
发　　行：人民东方出版传媒有限公司
地　　址：北京市东城区东四十条113号
邮政编码：100007
印　　刷：三河市金泰源印务有限公司
版　　次：2017年1月第1版
印　　次：2019年3月第2次印刷
开　　本：640毫米×950毫米 1/16
印　　张：16
字　　数：200千字
书　　号：ISBN 978-7-5060-9010-0
定　　价：39.00元
发行电话：（010）85924663　85924644　85924641